書下ろし

黒字をつくる社長 赤字をつくる社長

―うちの会社は大丈夫か―

林田俊一

（本書は黄金文庫のために書下ろされた）

まえがき

15年ほど前のことだが、税務と並行して始めた経営コンサルタント業務が軌道にのり始めた頃、ある相談が顧問先から持ち込まれ、頭を抱えたことがあります。

それは会社の経営権を巡《めぐ》って、裁判ざた寸前の創業者一族と現社長派の仲介に立ってくれというものでした。

通常の仕事なら、その量がいくら膨大《ぼうだい》であっても時間をかければ処理できる。が、会社の後継者を巡る創業者一族と社長派の確執は感情がからみあっているだけに、〝俺みたいな若僧になにができるんだ〟そんな不安と戸惑いがありました。かといって、時間でこなせる仕事は引き受け、ややこしい相談からは逃げるような真似をいさぎよしとはしません。

なにを、どこから手をつけていいかもわからず双方の間をがむしゃらに走りまわっているうちに、自分に問題解決への熱意と気力が充満していれば、とりあえず人は話を聞いてくれる。

それが、問題解決へのスタートだと気づきました。

熱意も気力も健康あってのものだねです。

体力と気力の充実をはかるために毎朝5時起きの散歩、ウォーキングをひとりで始めたのはその頃です。

雨の日も風の日も、頭が爆発しそうな二日酔いの朝も歩いた。

一分、一秒ごとに移ろう空の色、早朝の光と雲の織りなすパノラマに感動して立ち止まることもたびたびでした。

私にはひとりで黙考できる朝の孤独と歩くことが合っていたようです。人間関係修復の糸口と方針が見え始めたのでした。

私は創業者一族と社長派に、同じテーブルにつくよう懇願して、幾度か話しあったすえに相談依頼から半年後、難題は無事解決しました。

『経営上の相談は、私の資格、知識、立場で解決できる問題より、私の人格において解決できる問題がはるかに多い』ものだと思い知らされたエピソードのひとつです。

私には不思議に思うことがふたつあります。

ひとつは、利潤を追求するという目的で発足した企業が、数年も経つと利益をあげる企業とそうでない企業に確実にわかれること。

もうひとつが、順風満帆《じゅんぷうまんぱん》の経営を続ける企業も発足から30年も経てば、運営にさまざまなひずみが生じることです。

いずれも経営に対する社長の『考え方』と『姿勢』がその原因であるような気がします。

10余年前のバブル崩壊後しばらくは、企業の倒産原因として「銀行の貸し渋り型」「共倒れ型」など、責任を外部に転嫁《てんか》するような理由がもっともらしくいわれていたが、はたしてそうだったのでしょうか。

昔も今も、年平均10000社を優にこえる企業倒産原因の圧倒的第一位は、社長の放漫経営です。

事務所設立以来、多くの社長に放漫経営の怖さを語り続けているうちに、私がアドバイスする会社は400社を超えました。

私は、社長にとっての経営とは、企業が存続する限り続けねばならない『戦』（いくさ）だと考えています。

社長には、その地位に求められる三つの能力「判断力」「戦略能力」「危機管理能力」のほかに「統率力」や「見識」など、大将にふさわしい人格が必要なはずです。特に中小企業の場合、トップが大将にふさわしい人格でなければ部下は能力を１００％は発揮しないし、企業の規模は社長の器量より大きくはなりません。

企業の安泰とは、一にも、二にも社長の指導力にかかっていると考えています。

それが、私の経営、経営者に対する基本的スタンスです。

本書で、社長およびそれを支える従業員の方が経営に真剣に取り組める一助になれば望外の喜びです。

二〇〇一年四月吉日

林田《はやしだ》俊一《しゅんいち》

目次

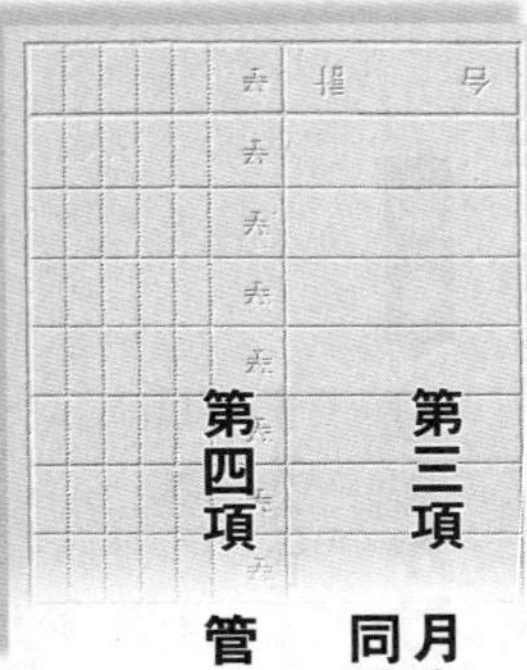

第一章　金をかけない。考えることから始めましょう

社長が向上心を失えば、経営力はたちまち錆《さび》つく。同時に発生するのが『慣れ』『慢心』『組織の制度疲労』である。

第一項　問題企業と健全企業はここが違う！
社長の姿勢、考え方

私がこの本を書くきっかけになったのは、以前に講演用資料としてつくった『健全企業と問題企業の相違点』というA４サイズのメモでした。メモといっても聴衆に配布する文書ですからテーマを明確にするため用紙の左半分に『問題企業』、右に『健全企業』のありようを対照的にコピーしたものです（16ページ参照）。

本書では、黒字をつくる社長イコール『健全企業』であり、赤字をつくる社長イコール『問題企業』と考えていただいて結構です。この表は、いまは黒字でも、数年先には赤字になる、また逆にいまは赤字でも、姿勢、考え方を変え、勇気をもって実行すれば必ず黒字経営になることを示唆《しさ》しています。

資料の冒頭に比較しやすいように並べたのが『問題企業』『健全企業』それぞれの

経営トップの考え方、経営姿勢でした。

社長の想定平均年齢は問題側60歳。健全側50歳です。

私は経験と常識にてらして、あたり前のことをあたり前に書いたつもりでしたが、驚いたのは聴衆のほぼ全員が問題企業側項目に、まるで特定人物の顔を思い浮かべたように苦笑したことでした。

『問題企業』側から転載します。

「問題を抱える企業トップの考え方。経営姿勢」

・人を育てようとする意志が感じられない。
・個人利益を重視。経営理念をかろんじ社員との連帯感は希薄である。
・公私混同が多く、自己中心的である。
・運営は同族、取り巻きでかため秘密主義である。
・計数に弱く、過去の経験や勘に頼る。
・否定的言動で社員の力を弱めている。

・他力本願、依頼心が強い。
・洞察力が甘く、他企業に追随する（事業基盤をゆるがすリストラ、過剰なＩＴへの投資など）。

部下に苦笑いを浮かべられようと嫌われようと社長は社長です。ときに鬼となって部下に圧力をかけねば組織は充分に動きません。かといってそれは、問題企業側項目にあてはまる企業トップの古くさい秘密主義、勘や経験に頼った独裁者型の運営とは違う気がします。

講演終了後に会場でひろったいくつかの声を紹介します。

・Ａ氏―33歳・流通業・勤続10年。
「53歳になる二代目社長のことです。若い社員の意見が聞きたいと数人ずつ会議室に呼ばれるのですが、私たちがどのような提案や意見をいっても『ていうか――』と、やんわり私たちの声を否定して最後には『だろ』と、自分の考えを押しつけます。毎度毎度のことなので最近は全員黙って社長の話を聞いています」

・B氏—56歳・小売業チェーン元取締役・勤続38年。

「勤め始めた頃のことを思えば、経営者一族がすべての権利を握《にぎ》っていることは普通のことでしたが、40年近く勤めて、肩書きも取締役になれば、私も経営に参画しているとまわりの人は思います。ですが、実態はいくつかの店舗の店長にすぎず、仕入商品選別の決定権さえ私にはありませんでした。役目は店頭の女の子の指導と売り上げ台帳の記入、そして借金の連帯保証人にされたこと。倒産した今、借金の取り立てから逃げまわる日々です」

・C氏—40歳・電機メーカー地方工場勤務・勤続15年。

「中央本社から単身赴任で来た社長です。在任期間だけつつがなく勤めて中央に凱旋《がいせん》復帰することだけを考えているようです。われわれには過酷な経費節減を押しつけるくせに、中央の重役たちが視察に来たりすれば、最高のゴルフ場でのゴルフ。県内一の料亭での芸者つきの宴会。経理の友人の情報では一回の接待費の総計は、われわれ

●私がみた黒字企業と赤字企業の相違点●

	黒字企業	赤字企業
経営理念	●企業の社会的役割と企業の存在意義が明確に成文化されている ●経営者が哲学、宗教観をもっている ●自然の摂理に従っている	●個人的利益を重視し経営理念等は存在せず、社員との意識は結ばれていない ●洞察力が弱い ●自己中心的でどこかで壁につきあたる
経営計画	●経営目標が計数によって計画されている	●計数に弱く計画書などない
経営トップの考え方・経営姿勢	●同族以外の人材を活用し育てようとする意識があり、明確な企業理念を持ち社員に伝えようとしている ●計数に基づいて経営判断をしている ●公私のけじめをつけている ●主たる事業を基本として考え、それを伸ばしやたらに他のことに手を出さない ●自主の独立の精神を持っている ●常に元気で内外共に安心感がある ●仕事の面で常に社員に力をつけさせようとしている ●将来のことを考え、研究機関を設けている ●誰もが真似のできない商品を創ろうと努力をしている	●同族で固め、秘密主義である ●計数に弱く過去の経験や勘にたよる ●公私混同が多い ●そのときの状況で新たなことに手を出したり、利益がとれない仕事に手を出す ●他力本願であり、依頼心が強い ●否定的言葉が多く元気がない ●何にでも口を出し社員の力を弱めている ●考えているが実行力がない ●他の企業のやることに追随

	●他人の話に耳をかたむける	●自分の考えを言い張り、他人の話を聞き入れない
組織の運営について	●管理職がトップの考え方を理解し、実践している ●長期計画のもとに、人員構成（年齢、人員数、ポジション）のバランスがとれている ●硬直化せず、上下の意識の伝達が早く機能的である ●評価のシステムが確立されていて、社員に働く意欲を与えている ●人を育てる教育システムがある ●経理管理がきちんとしていて月次処理を迅速に進め試算表も早めに出し、次の働きがスムーズである ●社員一人一人が自分の報酬を理解し、経費の削減や業務改善の意識がある ●戦略的である ●効果的な会議を行なって意思の伝達をはかっている	●サラリーマン的な感覚である ●その時の状況だけで人を採用している ●経営者と社員との考え方が大きくずれていて、組織としての行動が行なわれていない ●社長の考え方で決まる ●人を育てる意欲はあるが確立したシステムもなく、やっても継続しない ●経理の管理が杜撰で月次処理も遅い ●意識が低く、ただ仕事をするのみである ●成り行きである ●その場限りである
その他	●挨拶や清掃がきちんとなされ会社の雰囲気が明るい ●同業他社や消費者の動向に敏感で、情報収集を行ない経営に活かしている ●主体的に行動し、自社が有利な方向へ行くよう努力している	●会社の雰囲気が暗い ●ただ言われたとおりにするだけである ●常に従属的である

が工場で掲げる、トイレットペーパーの節約や不要照明を消す運動などの1ヵ月分の経費節減目標をはるかに上回っているそうです」

・D氏―37歳・倒産した大手スーパー元課長・勤続10年。

「経営陣の無謀無策の拡大戦略があだとなって倒産です。私たちは、保険とわずかの妻のパートで次の仕事が決まるまではつつましやかに暮らしているのですが、雑誌に元社長が家族連れでハワイで遊んでいる写真が載《の》っていました。会社が倒産しても社長は、家族でハワイに行けるほどのゆとりがあるものでしょうか」

・E氏―40歳・運送業・勤続6年。

「男気もあるし、面倒見もいい社長です。ただ遊び好きで1ヵ月の遊び代、社長にいわせれば交際費だそうですが、その交際費は、月百万円を超えているようです。保有車両11台の運送屋で、社長がそんなに使えるものでしょうか。仕事が少しずつ減って不安です」

聴衆の苦笑いの対象となった問題企業側項目にあてはまる社長の問題点は、前時代的な運営法にあります。時代観をとり違えているとしか思えない社長の勘違いのひとつが、本来社長個人のものではなく、会社、企業（法人）のものであるはずの、人、組織、商品（情報）、資金、ノウハウといった経営資源を社長が私物化しているとしか思えないこと。そして、下の者の意見を聞かない――社員の可能性を伸ばそうとする意志が感じられないことです。そのような社長が経営している会社では「部下に責任はもたせるが、部下が責任を納得するだけの権限が与えられていない」場合が多いようです。部下の可能性を伸ばす意志のない社長のもとでは、部下は仕事に永続的な喜びを見出すことはありません。社長が部下に与えるものは無力感だけです。

無力感は、間違いなく社員の勤労意欲をそぎます。

カニは甲羅《こうら》に似せて穴を掘るといわれています。どんな社長であっても自身の経営能力の範囲で企業、会社を維持、運営しているのであれば問題はないはずですが、私は体験上問題を抱えていない企業に遭遇したことはありません。ただし問題の内容は経営の根幹にかかわることから、笑いとばせるものまで天と地ほどの差がありますが。

また、ひとくちに企業、会社といっても社長が家族と切り盛りしている個人商店のような会社もあれば、一万人を超える従業員を抱える大企業まで規模はさまざまです。私の顧問先には従業員一万人を超える大企業はありませんが、いろいろな企業を訪問して気づいたことは、規模にかかわらず企業が抱える問題点は、売り上げ、経費、管理、借り入れ、税金など金に関する問題と、人に関する問題に大別できるのではないか。金に関する問題は株主や銀行、税務署との関係もあり、社長の思いどおりにいかない面も多々ありますが、人間が存在することで発生する問題は社長の努力で解消できる。そして人の集合体である企業組織が成長すれば、やがて金の問題の大部分を解消できるほど組織のスキルアップがはかれるのではないかと考えるようになりました。

スキルアップとは、組織に所属する人間一人ひとりが「会社における自分の存在意義と役割分担、経済性を自覚することであり」「収益の確保につとめることであり」

全員に経営者意識が芽生えることです。

これが問題企業側社長になくて、健全企業側社長にある、人を伸ばそうとする意志がもたらす効果です。

私は先に、講演会で聴衆の反応に驚いたと書きました。なぜならば、問題企業側項目を挙げるためにイメージした人物像は、たまたま見ていたテレビドラマ水戸黄門で悪代官と結託して、農民から年貢米をしぼりとる悪徳米問屋だったからです。

表からピックアップしてみます。

「健全企業トップの考え方・経営姿勢」

・人を育てようとする意志がある。
・企業の社会的役割と存在意義が理念化、実践されている。
・連帯感とヒエラルキーを調和、確立しようとしている。
・計数判断を基本にして経営方針が決定されている。
・主たる事業を核にして、やたら他の事業に手を出さない。

・他人の話を聞くが、取捨選択の基準が経営哲学に基づいている。

「社長を嫌いですか」という質問を「問題側」「健全側」双方の従業員にむければ、どちらもほぼ同数の社員が「ハイ」嫌いと答えます。

しかし、「社長は好きですか」という質問には答えがきっちりわかれます。問題企業側項目にすべてあてはまるような社長を好きな社員はゼロで、健全企業側項目を実践している社長のもとで働いている社員の多くは「好き」と答えます。

では、社長を嫌いですかという質問に、問題側従業員と同じように「ハイ」と答えた健全側従業員の態度はなんだったのだ――ということになります。それが、双方の社長に対する「嫌い」の質の違いです。

社長を嫌いと答えた健全側従業員の「嫌い」は、「怖《こわ》い」という自分対社長が相対したときの印象、畏敬《いけい》の感情から敬をとっぱらった、畏だけを短絡的に口にしたケースが多いようです。一方、問題企業側従業員の社長に対する「嫌い」は、「生理的に」「バカだから」と、いうようなとりつくしまのない憎悪さえ内包している場合がほとんどです。

社員にかるくあしらわれている社長より、嫌われている社長のほうが社員を働かせるためにムチ打つ『畏怖《いふ》』を自己演出できるぶん、まだましでしょうが、部下との信頼関係のない強制はやがて部下の離反をまねきます。

健全企業従業員の愛社精神は、社長への畏敬に根差している場合がほとんどで、問題企業従業員（概して1年以上勤務者）は、会社の行末より、自分の身だけを案じているものです。

中小企業では、部下の社長への印象と社への帰属意識はイコール。社長を嫌いな社員には、愛社精神も帰属意識もない。そう考えて間違いないようです。

私自身は社員から「社長は怖い、だけど尊敬できる」そういわれるような経営者像を目指しています。リーダーシップとは、尊敬と畏怖をあわせもった人間だけが発揮できる能力だと考えるからです。ちなみに、私の事務所は総勢21名、それに今春から新人2名が加わる予定です。

しかし、毅然《きぜん》と経営にあたる社長にも不安はあります。

それが「企業30年限界説」いわゆる制度疲労問題です。企業30年限界説とは、経営陣の年令上昇に伴う判断力の低下、管理職の保身、地位への慢心などが企業に活性低下をもたらして、30年目に危機をむかえるという説です。

30年。40歳で会社を起こした社長が70歳になるときです。

人間も組織も1年ごとに確実に老化します。

若い企業にも制度疲労の兆《きざ》しは存在するし、起業から年月が経つほど制度疲労問題は経営にロスをもたらせます。

この問題を解消するのは、社長の三つの意志しかありません。

一、制度疲労の根がどこにあるのか見極める意志。

二、改善に取り組む意志。

三、切る意志。

大企業では、古い体質はしがらみのない外部の力でしか変えることはできないといわれていますが、本来なら、金融や外部資本に力ずくで変えられる前に、自ら改革するのが、経営者のプライドではないでしょうか。その点、中小企業は楽なはずです。社長が腹をくくれば、相当のことはできるはずです。

社長の意志で解消できるはずの問題が全国の企業にはびこっているということは、社長が自社の制度疲労に気づいていないか、気づいていても見て見ぬふりをしているかです。

組合？……私は企業運営を左右させるほど先鋭化した組合は、充分にその役目を果たし終えたと考えています。ある調査によれば、２０００年の全国企業倒産件数は１９０００件を超え、そのうち１５０００件は、放漫経営でも、バブルのつけでもなく深刻な不況型だといわれています（私には多少異論、放漫経営を過小評価していると思いますが）。

組合と共倒れしますか。

単刀直入にいえば、制度疲労とは人の問題です。やる気のない社員は、やる気を出させればいい。

社員のやる気のなさの原因が上司にあるのなら、組織ごと改善すればいい。

人を含め、非効率的なシステムは切ればいいのです。

社長の決断をサポートするのが優先順位思考です。社長の優先順位第一位は企業の存続発展なのか。それとも部下、利害関係者との人間関係なのか。自己の保身、利益なのか――。

第一位事項を達成するためなら、下位事項は切りすてねばならないのが不況下での社長の決断です。

ただし、水戸黄門に出てくる悪徳商人のような問題企業側社長が、いかに優先順位をふりかざして意志を断行しようとしてもただのエゴ。部下はたちまち最先鋭化、総決起するでありましょう。

社長を役所言葉でいえば、株主、社員などの利害関係者から企業の運営を委嘱《いしょく》された最高業務執行者です。

その地位には、社長に与えられた権力と見合うだけの責任とリスクが存在するはずなのに、バブル以前日本が高度成長を続けていた頃、実は、社長の資質と責任は現在ほど問われませんでした。大企業、中小企業をとわず誰がトップでも大多数の企業は利益を計上できたし、経営陣が舵《かじ》取りを誤って事業基盤がゆらいでも、たちまち回復させる力が社会全体にみなぎっていました。

バブル崩壊後のおびただしい企業倒産劇は、それまで企業が社長の力量で繁栄していたというよりは、時代が企業を支えていたことの証明ではないかと考えます。時代という追い風を失えば、企業の未来を決定するのは99％社長の経営力ということになります。

ときの流れは早いものです。

日本はバブル崩壊の混迷を引きずったまま、低成長、大競争時代へと時流変革の速度を速めてきました。そして21世紀。この1、2年はＩＴ革命という言葉に代表される新しい技術や新しい経営思想が中小企業にも押し寄せています。

なにに迎合し、なにを排除すべきかの判断基準は企業の形態、ビジョンによってさまざまかもしれませんが、心構えとして必要なことはオールドエコノミーがＩＴなどのニューエコノミーを吸収、活用するという気概です。

そして、

排除すべきもの→経済性にかなわないもの。
迎合すべきもの→経済性にかない、将来利潤を産出できる可能性のあるもの。

こう常識的に考えれば、企業が選択すべきものはおのずと見えてきます。

社長の義務とは組織を維持、発展させること。そのための健全経営策は、人、組織、商品（情報）、営業、管理ノウハウなどの経営資源を時流にそくした方法でバランスよく育てることです。

育てる柱となるものは、人です。

物、金、情報、ノウハウの管理と蓄積は人間よりコンピューターが勝りますが、機械を起動、駆使するのは人間なのです。

物、金、情報、ノウハウを収斂《しゅうれん》させて収益にむすびつけるのは、機械にはない想像力を有する人間にしかできないのです。

どうすればそれができるかは、第二章以下で述べます。

私は経営学の教授でも、評論家でもありません。

企業、個人の税務を代行する税理士事務所の所長であり、多数の社長をサポートする経営コンサルタントです。

1日平均10数社の社長、店主の皆さんと会い、一緒に売り上げ向上、経費節減などの不況打開策に知恵を絞っています。

私には教科書的なものは書けませんが、経営現場の最前線で培《つちか》った経営信条を報告するという形で社長、役員、管理職、従業員の皆さんが、この低成長、大競争時代を勝ち抜くには、どう経営にあたり、どう働けばいいのかのヒントにしていただければ幸いです。

第二項　どのような企業でも、玄関に入って5分もすれば儲《もう》かっているか、いないかわかる

長年万引犯を追い続けるセキュリティウーマンから、こんな話を聞いたことがあります。万引をしようとする人間が背後を通れば風がおこる。その風が万引犯の存在を教えてくれる。似たような話をスリ係の刑事から聞いたことがありますし、プロの麻雀師が直感的に相手の当たり牌《はい》を見抜くというのも、経験が磨《みが》く人間の第六感を具現化したものだと思います。

私にそのような能力があるかどうかはわかりませんが、どのような企業でも玄関から入って5分もすれば儲《もう》かっているか、いないかぐらいはわかります。

私の判断基準は、まずイメージ・イズ・エブリシング。見かけの印象です。5分間、300秒で見るものをいくつか列記します。

①雰囲気は明るいか、暗いか。
②整理整頓《せいとん》されているか、トイレは汚れていないか。
③スリッパに履《は》き替えている社員は何人。
④電話の応対、言葉遣《づか》いは。
⑤派手に浮きあがっている女性社員の数は。
⑥来客には笑顔で応対しているか。
⑦来客が帰るとき、全員で挨拶しているか。
⑧個人の身だしなみは及第点がつけられるか。

スリッパぐらい、と思われる方も多いでしょうが、確かにスリッパが誰の目にもとまらない個人の机の下のスリッパですむなら問題はないのかもしれません。しかし、スリッパでの足許《あしもと》の解放感がやがてネクタイをゆるめる行為につながり、組織が回避しなければならない『なあ、なあ』体質、重大な就業規則違反に発展したいくつかのケースを見てきた私にすれば、仕事中ぐらい我慢できないのか、せめて、来客などに不快感を与えない程度の楽な靴を、と考えてしまいます。個人の気のゆるみ、組織のたるみの原点は小さなところにあるものなのです。

あと、些細《ささい》なことですが、会社の外見的印象と内面から感じるギャップがあります。建物や玄関は立派だが、一歩入れば壁の隅は艶《つや》出しワックスに塗り固められた汚れで真っ黒。

これは、せっかくブランド物、完璧《かんぺき》な化粧で装った女性が、じつは、虫歯だらけだったというような幻滅感をもたらします。この肌で感じる幻滅感は、やがて私が知ることになる会社の内情を暗示しているケースが多いようです。

私が八項目のうち特に重要視するのは、①の雰囲気は明るいか、暗いか。

組織は人体と同じで、健康であれば、明るく活発になりますし、悪い個所があれば暗く沈みます。

この段階での印象にプラスして、私が体験で培った想像力を働かせれば、その企業の現状は見当がつきます。この簡単な判別法を逆手にとるのが企業専門の詐欺師《さぎし》です。取り込みや、カゴ抜け詐欺をたくらんだ彼らが相手に信用を与えるために使う事務所は、ホコリひとつなく、従業員は全員元気で電話の応対、言葉遣いは完璧なものです。逆にいえば、信用というものは案外見かけから発生するといえないでしょうか。

次に、5分では無理ですが、気になるものとして以下四項目があります。

①上司と部下。社員間。社員男女間の人間関係。

・同僚や上司、部下への悪口、皮肉、中傷は多くないか。

・社内恋愛（不倫）は。

②ボールペンやコピー用紙などの備品を持ち帰る人が多くないか。

③時間にルーズな社員割合は。

④仕事に真剣に取り組んでいないように見える人は何人。

おおまかな個人の社内プライバシーまで把握《はあく》したということは、私がその企業にかなり深く関《かか》わったということです。それを念頭において下さい。

同僚や上司、部下への中傷が多い職場は自然に雰囲気がとげとげしくなりますし、社内恋愛やルーズさを容認すれば必ず個人のモラルダウンをまねきます。統一性のない無秩序な個々が求めるのは己《おのれ》の利益であり、自分が現在の給料を貰《もら》うには、いくらの利益を企業にもたらすべきか、というような企業人として当然の認識、自己経済性の自覚などないはずです。

念のために書いておきますが、企業利益を産み出すのは、『攻め』の販売や営業、商品（情報）開発、など直接売り上げに結びつくセクションだけではありません。『守り』の経理や総務、庶務などの管理部門も含みます。

健全な組織は、企業理念にそって個人への教育がなされているものです。それができていない、できない、というのはすでに組織が病んでいると考えるべきでしょう。個人の集合体が組織で組織の集合体が企業です。すべての組織が、企業方針にそって円滑に機能せねば大競争時代は勝ち抜けません。

とりあえず、こう考えたらどうでしょう。組織とは、人間に当然あってしかるべきもの、いい加減さ、倫理、正義感の希薄性、意味のない優越感にひたれる他人への中傷など、組織の調和を阻害する習性を改めさせる場所であると。付加価値創造や効率化策などは、それからの話です。

そして社長の人格、財務内容までわかれば、私は、冒頭に述べた長年万引犯を追い続けるセキュリティウーマンと同じで「匂いを嗅《か》いだだけで伸びる会社、伸びない会社はわかる」と、誰かにつぶやきたい衝動にかられるのです。

伸びる会社をひとことでいえば、企業努力を怠《おこた》らない会社です。一方、伸びない会社とは、前記八項目に、少しおおげさに手を加えてみればわかるような気がするのですが。

①トイレが汚い。掃除がいきとどいていない。
②雰囲気が暗い。しかも憎み合っている社員同士が机を並べている。
③出社後全員がスリッパに履き替えている。緊張感がない。
④言葉遣いがなっていない。しかも悪口や皮肉ばかりだ。
⑤フロアに落ちていた紙屑が、朝から晩までそのままだった。
⑥全員がボールペンやコピー用紙を自宅に持ち帰っている。
⑦時間にルーズな社員を誰も注意しない。
⑧幹部が愛人の女子社員とイチャついている。
⑨やたら太った社員ばかりだ。

⑩超派手な女子社員が嬌声《きょうせい》をあげて、男性社員の関心をひこうとしている。

こんな感じでしょうか。

私なら帳簿上は優良企業であったとしても、このような企業への投資はすすめません。

なぜなら、ダメ社員一人ひとりの顔がすぐさま思いうかぶような組織のありさまに社員教育を放置してきた経営者の無策を見るからです。無策に将来はありません。

組織とは、人の習慣を改めさせるところ。

そのためにあるのが規律です。規律がなければ、人間は楽なスタイルで過ごそうとします。新聞には載《の》ることのない背任や横領、社内不倫で優秀な人材を失った社長の数はけっして少ないものではありません。

第三項　ITに踊らされるよりは、「イメージ・イズ・エブリシング」の徹底を

前項は組織の印象、ここでは個人の印象が中小企業にもたらす功罪を原点から考えてみます。

最近の若い人は、背中が丸い人が多いようです。これは、年寄りが若い人に向かっていう常套句《じょうとうく》の類いではありません。なぜならば昔の年長者には威厳があり、いわれた若者の背はたちまちピンと伸びたものでした。

それでも背中を伸ばさない若者も過去にはいたのですが、大別して、背中を伸ばさない若者は裏社会、伸ばす若者は表社会にと、住みわけができていたような気がします。

私がここでいう背中の丸い人とは、大人たちの声に耳を貸さず自分のスタイルにこだわる表社会の若い人たちのことです。その背中の丸い人たちが同じような若い人た

ちだけを相手にしている企業、商店ではそれでいいのかもしれませんが、世の中の大多数の企業は若い人だけを相手にしているわけではありません。というより、彼らの姿勢と行動を鼻白む思いで見ている大人たちが多いということを知らねばなりません。

私の事務所の顧客400社の社長平均年令は57・5歳。日本全体の社長平均も、IT関連のニュービジネスで30代、40代の社長が台頭していることを考慮しても57・5歳を少し下まわる約55歳でしょう。

つまり、55歳の意向が企業従業員を動かし、見ているのです。彼らの生まれは昭和18～20年。日本の敗色が濃厚な頃に生まれ、戦後未曾有《みぞう》の食糧難時代に育った世代です。市井《しせい》には軍国主義の名残りが漂《ただよ》い「フーッ」とつくため息は、生命力を奪うダメ息。背筋の丸さは覇気《はき》の欠如につながると、親から教師から無理矢理背筋を伸ばされた最後の世代だといえるでしょう。――中国の気功でも背中の歪《ゆが》みは気の流れを妨げる原因、外国映画のヒーローやイギリス貴族の姿勢がしゃんとしているところから類推すれば、まっすぐな姿勢は健康、ダンディズム、美しさの世界標準なのかもしれません――その世代の社長のもとに商談に行くなら、丸い背中より、背筋をピンと伸ばしたほうが好印象を与えますし、日本全国の社長がそれを望んでいるのです。

著《いちじる》しい時流大変革時代と現在を位置づけても、それは技術や価値の変化であり、人対人の意識はさほど変わっていない。少なくとも戦中戦後を生きのびた戦後経済界第一世代の経営者が完全に引退し、日本全体の社長平均年令が40代の半ばになるまでは変わりようがないものと私は考えています。

若い人は、若い人だけで社会が構成されているのではないと自覚し、上司は個人の姿勢、身だしなみ、言葉遣いが企業の評価を決定すると、彼らが理解するまで教えるべきです。

人対人、人対企業、企業対人の関わりは第一印象からスタートします。第一印象をどう好印象に結びつけるか、それがイメージ・イズ・エブリシング、です。

直訳すれば、印象がすべて。

英語にした理由は、このフレーズを口にする私が会った米国ビジネスマンに好印象を超えた決意、迫力を感じるからです。

アメリカ企業で自己アピールのチャンスを得たビジネスマン。あるいは投資家を獲得、説得するために商談の場に向かう有能な起業家たちが、自分をふるいたたせるときに口にする言葉です。

「ネクタイは曲がっていないか」「髪は」「鼻毛は」「歯は」チェックが終わった彼ら、彼女たちは鏡にむかって強く、イメージ・イズ・エブリシングとつぶやきます。

日本流にいえば一期一会《いちごいちえ》でしょうか。相手が顧客であれ、取引先であれ、一回の出会いに会社の将来と自分をかける。そのくらいの意気込みで行動する企業人が増えれば、日本の中小企業も元気になると思うのですが。

私が企業を訪問していて驚くことのひとつに、せっかく導入したコンピューターを充分に活用できていない中小企業の多さがあります。コンピューター導入と同時に、コンピューターを事業戦略、拡大に活用できる人材育成が必要なことはいうまでもありませんが、もっと、それ以前に、とても給料分は働いているようには見えない社員をなんとかしたら、と社長に切り出したくなるのです。

いまさら、という気もしますが、ＩＴ（情報技術）の進歩と拡大が中小企業に及ぼす影響を簡単におさらいします。

①　直接取り引き。

顧客主導の直接、個別を含めた複合取り引きが際限なく進展する。中間業者がいらなくなるかもしれないということです。

②　開業（朝の開店）、終業（閉店）という営業時間概念が崩《くず》れる。

これは、現在のコンビニに見られるノンストップ営業形態をとる業種が増加することを意味します。そこで考慮しなければならないことは、本来の営業時間以外、深夜や早朝の顧客にどう対応するかという問題です。パート採用やアウトソーシング発注で経済性にかなうのか。また終日明るくなることで発生が予測される犯罪や、人が集まることで地域にかける迷惑への対応策は。

バスに乗り遅れるな式の機会主義的な思いつきだけでは、ＩＴの恩恵をこうむるとは考えられません。

ＩＴが中小企業に及ぼす影響のキーワードはダイレクトです。追い風と目論《もくろ》むなら情報のスピード化に対応できる人、機械、それを補充する資金などのハード面を準備しなければなりません。ハード充実に余裕のないままの取り組みは、必ず本業への集中力低下につながります。

ＩＴの進歩拡大を明るく展望すれば、

③ ビジネス圏の拡大。

売れる商品さえつくれば、市場は世界中に広がるということです。

第四項　社員教育は、いかに重要か

トップが指導、教育の重みを理解していないと次のような事態がおこります。私の職務上企業名等は出せません。

30年ほど前に、現最高幹部数名がたちあげ、軌道にのせた中堅企業があります。トップと長年懇意にしている私は、彼らが血の汗を流す思いで会社を大きくしてきた苦労を知っています。彼らもまた、私が彼らの功績を認めていることをわかっています。

彼らが時代にそぐわない30年前のやり方で商品開発、宣伝に資金をつぎこもうとしたりすれば「時代にそぐわない。投資を利益にかえるには、もっと今風な、効率的な方法があるはずだ」と、暗に経営陣の時代観を否定し、方針にちゃちゃを入れても不快な顔をされることはありません。時流というものの持つパワーを彼ら（平均年令63歳）が理解しようとしているからです。

ところが、その会社の若い社員（概《おお》ね30歳未満）は最高幹部たちをそう見ていない人がほとんどなのです。それどころか、

『上はなにもわかっていない』『自分たちの退職金だけが心配なんだろ』

と、攻撃的な口調をむける人も少なくありません。最も攻撃的な人物の年令を30歳だとします。すると、30歳の彼より若い、高卒、大卒で入社した人が会社には20数名いることになります。

与えられた業務はしっかりこなす30歳の彼が「上はなにもわかっていない」類いの言葉を吐《は》き続ければ、彼より下の世代のいく人かは必ず彼の言葉にそまります。

最高幹部たちの会社創生期の努力と苦労は、本来全社的な伝説、精神的牽引車《けんいんしゃ》となるべきなのに、単に年寄りたちが引きずっている自慢話になっていたのです。

会社は年代間で二極分化。この状態でトップが指示を出しても円滑な運営は望むべくもありません。

中小企業が繁栄するには、全社一枚岩となって収益確保にむかうのが効果的なのはいうまでもありません。

では、なぜこの会社では世代間格差ができたのか。これが上と下をつなぐ管理職、中間管理職の怠慢。同時に創生期の忙しさにかまけて、管理職や中間管理職への指導、教育を怠《おこた》った現最高幹部たちの責任です。

教えなくてもこのくらいはわかっているだろう、式の自分の尺度だけで中間管理職を見てきた最高幹部の認識の甘さです。時代とともに常識や人間の思考パターンは変わるものなのです。

現在その会社では、社内の意志統一を図《はか》るために次のようなことを始めています。

① 1年後に発行予定の社史編纂《へんさん》を若い人にゆだねた↓取材を通じて、若い人と年長者の交流を深める。

② 外部講師を招いての全社研修のとき、あらかじめ席位置を決定する↓若い人の間に年長者が割り込み、熱心に勉強する姿を若い人に見せる。

③ プラスひとこと運動の開始↓上司が部下に声をかけるとき、例えば、おはようの

後に「子供さん元気」「昨日は残業ご苦労さん」などの言葉をつけることによって、意思の疎通が始まる。

この会社では、トップ自らが、それまで役職間、年代間にあった壁を取りはらう努力を始めたのです。

一般的な社内教育の理想的なあり方を考えたいと思います。

時節柄、新人教育という観点にたちますが、一般社員教育にも適用できます。

新人社員教育というと、まず「マナー教育」そして、実際に仕事をするための「スキル教育」でしょうが、もっと大事なことがあるはずです。それは新人をやる気にさせる動機づけです。

動機づけというのは一時的に頑張らせる、喜ばせるとかの短期的なものではありません。一時的な感情は困難に直面するとすぐに消滅します。では、どういった状態を動機づけられているというのでしょう。

それは本人が「頑張り、喜びを継続するために、自分を改革していこうと決意している」状態です。

新人にやる気をおこさせるためのポイントを四つあげてみます。

①新しい価値観をつくっていこうと決意させる。

初めて社会人になった人は、今まで培《つちか》ってきた価値観で物事を判断しようとします。会社で仕事をしてもらうためには、社会人としての新しい価値観を持ってもらわねばなりません。

ですから、入社時に『仕事をしていくためには、広い見識に基《もと》づいた社会人としての価値観が必要であり、今までの価値観が無数にある価値観のうちのひとつにしかすぎなかったこと』に気づいてもらわねばなりません。

これは、新卒入社社員に限ることではなく、途中入社組社員にもいえます。前の職場で持っていた価値観を一度白紙に戻して、勤める会社での価値観を受け入れてもらわねばなりません。

②会社に入社したことにプライドを持たせる。新人の最大の不安は「自分の選択が正しかったかどうか」ということです。「私の選択は正しかった。私は素晴らしい会

社に入ったのだ」と認識してもらうことができれば、自分の仕事に誇《ほこ》りとやりがいを持って取り組めるはずです。

③一人ひとりに明確な人生の目標を与える。

入社時の決心というものは日々薄れていきます。また会社の目標は、新人には身近に感じられないものです。新人が自己変革の努力を続けていくためには、もっと身近で、新人が実感できるシステムを構築せねばなりません。

イ・達成感を満足させることのできる仕事、職場であるか。

ロ・個人の能力と技能を活用できるか——新人が自己の存在意義を実感できるか。

ハ・達成に対して表彰するシステムがあるか。

ニ・昇進の機会が多いか。

ホ・より大きな達成充実感を得られる仕事を受けもつ可能性があるか。

などがあげられます。

④成功体験をつませる。

入社してすぐには、どうしても誰にでもできるような単調な仕事が多かったり、失敗して叱《しか》られる回数も多いものです。自社にプライドを持っていても、そのような状況の中ではやる気は失《う》せます。

新人がやる気を失くしているようなときには、成果を上げさせるように、つまり、成果が上がるような仕事を与え、達成できれば、心から褒《ほ》め感謝することです。上司や社長から感謝される。人の役に立っていると実感することは、何にも増して努力継続の元になるものです。

社内教育は形だけ、早急に利潤を産み出せる人材が出ればいい、そういう社長もいます。私はそうは思いません。

哲学者森信三《もりしんぞう》氏の言葉に、こういうものがあります。

『いっぱしの人間になろうと思えば少なくとも10年先の見通しを立てるようでないといっぱしの人間にはならない』

企業も人間と同じなのです。社内教育に倍の時間をさいても、やがてその教育が会社を支えるときがくる。私はそう考えています。

第五項　教育の柱となるものは経営理念だ

ここでは、日本の全企業従業員が共有する能力を前提にして本題に入ります。共有する能力とは、

「上司は部下の可能性、人間的本質をなかなか見抜けぬが、部下は上司の能力、人間性をたちまち見抜く」という眼力です。

経営理念とは経営学辞典によれば、経営者の経営姿勢を意味するものであり、企業の存在価値や意義を世に問うものだと記されています（一部割愛）。

企業組織とは所属する人間の総和です。

所属する一人ひとりが、潜在能力を現状より50％発揮して同じ目的にむかえば所属する人間×（現状＋50％）よりはるかに大きい相乗効果を企業にもたらします。

そのためには、個性も性格も違う社員に共通する目標を示すことでしょう。

その大目標が経営理念です。

もちろん企業ですから利潤の追求は当然です。

しかし、理念をないがしろにして、利潤の追求だけを目的とするなら理念どころか、企業の形態もいらないことになります。

犯罪に走るか、暴力団の集金システムを倣《なら》えばよいのです。だけど、極悪非道な悪人でも生まれて数年は、愛くるしい笑顔でまわりに幸福を振りまいたはずです。いいかえると、まわりをかえりみず金儲けだけに走る企業は極悪非道な悪人より始末におえない。そう思うのは私ひとりだけでしょうか。

また、企業とは限られた人間だけの秘密結社でもありません。顧客があり、仕入先があり、銀行や税務署、地域、業界と関わり、それらすべてから存在を認められなければ健全な発展は望めないのです。

つまり理念とは、企業がまわりから存在を認められ、適正な利潤を計上することを許されたあかしとなる錦の御旗（象徴）だと考えます。

部下に理念にのっとった活動を強いるのは当然。「かっこわるい」などという社員は雇わなければよいし、やめさせればよいのです。

一人ひとりの潜在能力を引き出し、同一方向へ向かわせるのも理念という全社的な牽引車があってこそだと思います。

ただし、前提で書いたように『上は下を見抜けぬが、下は上を見抜く』ものなのです。

社長が口先だけで理念実践を押しつけても、自身の生き様が理念にそむくものであれば社員も口先だけの人間となります。

概して、優良（健全）企業の運営は理念にそったものであり、その理念には共通する特長があります。

健全企業の経営理念の特長

①会社の社会的役割と存在意義が成文化されている。

②普遍的な文言で将来でも違和感なく理解できる。

③経営者の哲学、宗教観が生きている。

④理念の実践――朝の唱和、会議での確認につとめている。

一方、経営理念に重きをおいていない企業（主として、従業員20名以下の小企業）にも、ふたつほど似通った特長があります。

まず、社長の個人利益最優先運営であるように見受けられること。そして、自己中心タイプの経営者が多いことです。

たしかに小企業（零細）では「倒産の火の粉をかぶるのは自分だから、会社も利益も備品もぜんぶ自分の物」そう考える社長が多いのもうなずけます。

しかし、独裁は次のような問題を提起します。

①後継者が育たない→これは全国の零細、中小企業が抱える最大の問題点です。

②社長に仕事が集中するため不測の事態での対処ができない→中小企業の持ち味、フットワーク（利便性）が生かせない。

③イエスマンばかりが会社に残り、活性が低下する→社長の独裁に拍車がかかる。悪循環。

長期的に展望すれば、社長の権力が企業にもたらすものは、いわゆる一代限り、現状維持を最良とする運営法で発展性はありません。

ずいぶん昔のことですが、経営理念という言葉がうかぶたびに思い出すエピソードがあります。

その会社は、インテリア関係の会社で従業員は15名。解散して18年になります。

この会社では社長の机の後壁に「お客様は神様です」と販売員の心構えが張りつけてあったのですが、事務所の壁をつたった台風の漏水《ろうすい》で「お客様」の「客」が、見ようによっては「れ」に見えてしまうほどヨレていました。

「お客様は神様」と「おれ様は神様」では、はなはだしい主客転倒です。

驚いたのは、従業員の誰も、「おれ様」の張り替えを進言できなかったことでした。税務を処理するだけの税理士としては出すぎた真似とは思いましたが、結局、私が進言しました。が、「こんなもん年末の大掃除のときでいいんだよ」それが社長の答えのすべてでした。

それからいく度となく張り替えをすすめても社長は超ワンマン。他人から指図されることを嫌う頑固者でしたし、私も意地になってしまい、「おれ様は神様」を巡る確執が発端となってその会社の担当をやめました。

その後、数ヵ月で社長は急病から急死。残された従業員は経営の実態を誰ひとり聞かされておらず、五里霧中のまま会社は解散しました。

だからなんだ。といわれても困るのですが、経営理念の意味を考えるときまず思い出すエピソードなのです。

第六項　上が血を流さなければ、部下はついてこない

健全、問題それぞれの違いを対照的に表記した講演用資料に話を戻します。両者の組織運営についてのものですが、この項でも苦笑いを浮かべた聴衆は少なくありませんでした。

でもそれは、社長や重役など特定人物の顔を思い浮かべた苦笑いではなく、聴衆自身の日常活動、自社の組織運営と比較した、あきらめ気味、現実との乖離《かいり》感がもたらした苦笑いでした。

「健全企業の組織運営について」（資料より）

① 管理職がトップの考え方を理解し、実践している。

② ビジョンにそった人員構成（数、年令、ポジション配置）のバランスがとれてい

る。

③上下の意志の伝達が速く機能的である。硬直化防止努力。

④評価システムが確立されていて、社員に働く意欲を与えている。

⑤経理管理がきちんとして月次処理、決算表作成が迅速。次の仕事への取り組みがスムーズ。

⑥社員一人ひとりが自分の報酬を理解し、経費の削減や業務改善の意識がある。

⑦戦略的に行動することで、付加価値を見出そうとしている。

⑧効果的な会議を行なって意思の疎通をはかっている。

⑨同業他社や消費者の動向、世情に敏感で組織的な情報収集を行ない、経営に生かしている。

⑩個人が会社の理念にそって主体的に行動している。

「問題企業の組織運営」は表記しません。前記十項目の逆だと考えていただければ充分です。

冒頭、問題企業社長の運営姿勢のモチーフにしたのは、水戸黄門の悪徳米問屋だったと書きました。ここでイメージしたのは社長以下、全従業員が健全運営への努力を惜しまない実在の会社です。

それに、私の理想をプラスしました。

実は、この講演用資料の日付は平成9年6月8日付。約4年前のものです。

当時はIT革命という言葉もなく、まだバブル崩壊の余波が次々と企業を倒産させていましたが、多数はバブルに踊った企業でした。

聴衆の苦笑いも、現実運営との乖離《かいり》感「ここまではやれねえよなぁ〜」というものがほとんどでした。

しかし、現在ではどうでしょう。

わずか4年で、日本のファンダメンタルズ自体が崩壊しかけています。消費は一向に上向かず、地価は下り続け、株価は低迷。

今、中小企業にできることは金をかけずして組織のスキルアップを図《はか》ること。

10人の要員で20人分、30人分の戦闘力を産み出すことではないかと考えています。

そのために最低必要なことは社長自らが、その意志をかためることです。

攻めのない戦いは存在しません。同時に守りを無視した攻めは無謀です。

ときには、優秀な能力を持った個人が組織から抜き出て、突出した能力が組織をよい方向へ引っ張ることもあります。

それも立派な組織活性化策です。しかし、大事なことは、突出した個人能力者に全員が一日でも早く追いつこうとする自発的な雰囲気を、社長、上司がつくりあげることではないかと考えます。

健全組織運営十項目をあげるためにイメージした企業も、さすがに2000年は収益がダウンしました。

社長がとった行動は、従業員の給料はそのままで、自分の賃金を20％カットしたことでした。上が血を流さなければ、部下はついていかないものです。

より胸を張って歩くこと、今までより大きな声で挨拶《あいさつ》すること、上司の言葉を理解してみようと考えること、始業10分前に出社することなど、簡単にできることをやれば、上司やまわりの自分への評価が変わるというあたりまえのことに気づくはずなのです。

それでも、若い社員への意地悪な対応を続ける上司がいれば、もう一歩自己改善に踏みこんでみる。今度は社内における、自分の存在価値を高める自分の経済性の確立、企業業績の向上に貢献することです。

それでも変わらない上司がいれば、そのときこそ、皆の前で上司への悪口雑言並べたてて、スパッと辞めればいい。会社とは縁が切れても、若い社員が自分を変えようとした努力はゼロにはなりません。辞めた社員を評価してくれる企業は無数にあるはずです。

自分を変えようとする意識、これも知恵です。

知恵習得の延長線上に人への思いやりが発生し、思いやりに背《そむ》く行動から恥や罪悪感を日本人は学んできたのだと思います。

ところが、核家族化、子供部屋の独立、他人への不干渉を利得とする風潮のなかで、日本人は人とふれあう機会を失くしてきました。いいかえれば知恵を学ぶ機会、教えるチャンスを放棄してきたといえるのではないかと思います。

電車やバスの中で、二人分の席を臆面《おくめん》もなく占領する人たち。それに注意をしない人たち。「間違えました。ごめんなさい」のひとことがない間違い電話。

自分が不快に思うことは、他人も不快である。だから他人に不快感を与えない。人間関係の基本を無視する人たちの増加と同時にあらわれたのが、孤独な世界に没入できるテレビゲームであり、同好の士だけで遊べるインターネットです。

ネット上で意見の交換、議論はあっても多くが自分を主張するだけの言葉の羅列です。人間同士がむかいあったときに感じる喜び、尊敬、迫力などの感情を、私は交流の中に見出せません。すべてが自分の心地よさだけを追求する道具。道具を使う知識は習得できても、面とむかう人間同士の関係に生かせる知恵の発生はないようです。

自分とは違う時代に育った人を、己れの尺度だけで見るのは愚かなことだと思います。

しかし、現在の企業がもとめているのは「頭脳の明晰《めいせき》さ」であり、「素直さ」であり、「勤勉性」「行動力」「判断力」「創造力」「発想力」「ねばり強さ」であり、「知恵」などなど、昔となんら、変わっていないのです。

時流が、旧来の日本人とは違う思考法、行動パターンをもつ若者たちに新人類という呼び名を与えてから、すでに20年たちます。20年の歳月は、また新たなタイプの若者たちを社会に送りこみはじめたようです。

相手が目上だろうが、社長だろうが、すぐにキレて問題をおこす社員。5年以内に、3人のうちひとりが退職してしまう4年制大学卒社会人に見られる「適職感渇望症候群」。

そして、これから増えるだろうと思われるタイプが、勤める企業への帰属意識がゼロで、会社を自己利益のために利用しているとしか思えない社員です。

私は彼らのことを〝自己演出型の無能社員〟と命名しています。

入社試験をクリアしたのですから潜在的な能力はあるのかもしれませんが、彼らが能力を発揮するのは個人利益、あるいは趣味の場に限られるようです。なにを考えているのかわからない人たちですが、入社動機は共通しています。「親がすすめるし、対外的な信用（カード取得）のために社員資格は欲しい」これが動機の大部分で、「束縛《そくばく》も責任もいやだ」との権利主張へ続くのが彼らの特徴です。

企業における自己経済性の自覚など、まったくありません。

一般社員以上の束縛と責任から逃《のが》れるには昇進を拒否するしかありません。かといって与えられた仕事をこなせなければ仕事を失います。その狭間《はざま》で彼らは無能を演出する方法を思いついたようなのです。

和を尊ぶ日本の企業では、和を乱す人間が昇進することはまれです。葬式への参加、結婚祝い、社内行事への参加を拒み続ければ、間違いなく「変人」のレッテルがはられて出世街道から外れます。

もとより彼らは、知恵を学ぶ機会が少なくなった時代に育った世代です。知恵が育《はぐく》む羞恥《しゅうち》心にたいする許容量も年長者と大きく違うのはわかりますが、私から見れば、彼らのいいぶんは「他人からどう見られようとかまわない。朝出勤して机にはちゃんと座っている。給料は当然だろ」と、もはや開き直っているとしか思えません。

身近なところでは、与えられた仕事しかやらない男との評価を定着させた流通業界総務担当者が、能力のほとんどを注いで、給料の数倍をインターネット仲介ビジネスで稼いでいる例もあれば、地方の大手事務所の事務職員が、人気アニメのキャラクターデザイナーとして活躍しているケースもあります。

二人は自宅のパソコン画面とむかうことに生きがいを見出しているようで、昼間の仕事は気分転換だとうそぶきます。

企業には副業を禁止する就業規則がありますが、人に知られなければ副業はないのと同じです。

ITの進歩は、それを使いこなせる若い社員たちに匿名《とくめい》でできるビジネスチャンスを与え、その社員が所属する企業は戦力を眠らせたまま給料を、いや彼のサイドビジネスを助長する資金（給料）を提供するというような本末転倒現象もおこり始めています。

もっともこの事態は、入社までのハードルが高い企業に見られるようになる傾向だとは思います。

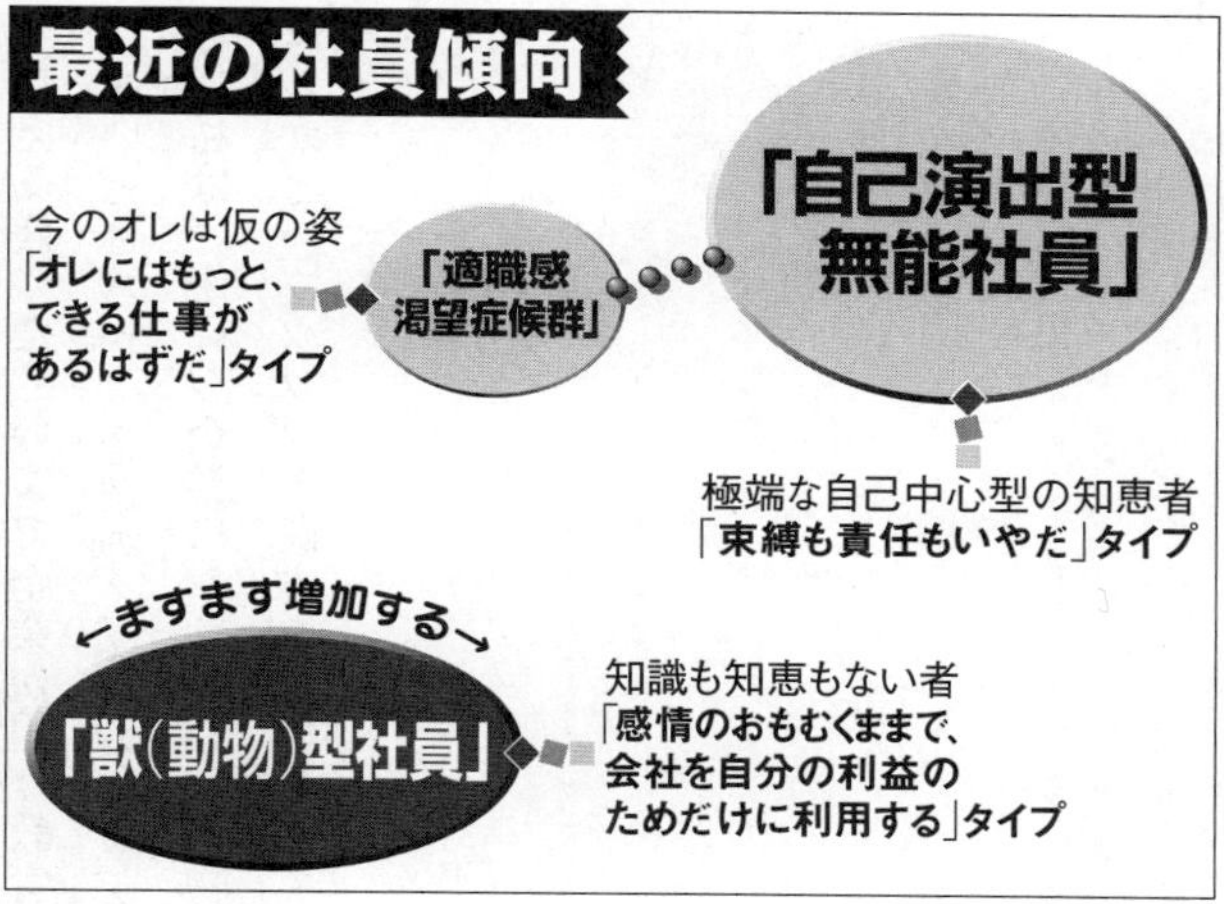

知識と知恵をかねそなえた人物を企業が欲しているのはいうまでもないことですが、21世紀には、知識はあっても知恵のない若い人たちがますます増加すると予測します。

同時に増加するのが知識も知恵もない、いわゆる〝獣（動物）型〟の人たちです。20世紀、学歴や知識はそこそこでも、それにかわる知恵ある人たちで業績を維持してきた零細企業などが、今後、獣（動物）型の若い人たちの受け皿になることは充分考えられることだと思います。

そうなれば、社長や年長者には新たな役目が生じます。役目とは、本来家庭や学校で教える躾《しつけ》のたぐいまで企業が担《にな》う教育です。でなければ、採用した人材が戦力にならないどころか、企業のイメージを悪くする。そんな時代がすぐにやってくるようで、私はいかに、企業にふさわしい人物を選別するシステムをつくりあげることができるかと、フツフツと闘志をたぎらせているのです。

第二項　敵は部下である。「2対6対2の法則」から学ぶ

企業で問題になっているのは、経営上人件費の占める割合が高いことです。人件費が経営を圧迫するから多くの企業がリストラ、組織の再編を急いでいます。

しかし、本質的な問題は、個人の能力と報酬との関係が不明確なまま継続されていたことです。

企業が、出費に見合う個人の能力発揮を求めるのは当然、いや遅すぎたというべきでしょう。能力ある人には付加価値ある仕事を与え、それ以外、自己努力をしない人、経営への貢献を見込めぬ人にはそれなりの仕事、あるいは機械化、パートへの移行もやむなしと私は考えています。

どなたの提唱だったかは失念しましたが、2対6対2の法則を引用して企業における余剰人員について考えたいと思います。

2対6対2の法則とは、企業従業員の帰属意識をこの割合だと仮定すれば社員教育の手引きにしやすいという法則です。

会社には、自分のことしか考えられない人間が2割存在し、会社を引っ張っていく優秀な社員が2割。そして状況次第でどちらにも変貌する社員が6割。この絶対値に気づかず、どの社員も同じように教育しようとするからうまくいかないわけで、2割の優秀な社員を集中的に教育すれば、この2割の層が中間の6割を吸収して8割の人間が本気になって業務に励《はげ》む、といわれているものです。

そして、自分のことだけしか考えていない2割の層にも給料を払っていたのが、旧来型の日本企業でした。

現在の日本の企業で、2割もの余剰人員を抱えるゆとりはありません。

2割、100人の従業員がいれば20人です。そして、その20人を削減すれば残るのは80人。単純に考えれば、会社を引っ張っていく20人と20人に引っ張られて働くようになるはずの60人でした。

が、80人を一個の集団として悲観的にとらえれば、個人は好き嫌いの感情や利害を共有するもの同士がつるみあい、やがて小さな集団に分離します。そして、そこでまた、以前の働く人2割、どちらでもころぶ人6割、働かない人2割の法則が適用される比率の集団構成となります。

今度は、合計80人の集団ですから16人対48人対16人です。しかし、企業の目指すところは自分のことしか考えない、働く気力の少ない人間をつくらないことであって、働かない人間は必要としない企業姿勢をくずさず、従業員の意識向上教育を継続すれば、2対6対2の法則自体がくずれると私は考えています。

それより、考慮しなければならないのは、自己利益だけを考える人物を採用してきた人員採用システムの見直しではないでしょうか。

繰り返しますが、部下は上司の本質を見抜きますが、上司は部下の本質を見抜けないものです。

上司、部下の眼力の違いは、じつは入社前からあらわれているものです。どういうことかというと、中小企業での入社試験をパスした応募者を最終チェックする人物は多くが応募者と年の離れた年長者、または社長です。その特徴的な傾向は、自身が生いたちや学習、体験などで身につけた判断基準だけで人間を見ようとする独善性にあります。

一方の応募者には、この社長は気にくわない、などという思いあがりはありません。彼は就職したいから、面接突破マニュアル本を読みあさり、面接者の前でかしこまっているのです。どう振る舞えば面接者の琴線《きんせん》をふるわせることができるかなど、とっくに修得ずみなのです。彼我の面接風景を、自分だけが正しいと思い込んでいる人間と、その人間の攻略法をマスターした詐欺《さぎ》師の茶番劇などといったらいいすぎでしょうか。

面接者と応募者の間にある決定的な違いは時代背景です。おそらく面接者がその企業に入ったころ、あるいは企業をたちあげたころには、書店の棚を占めるほどの就職マニュアル本はなかったはずですし、インターネットで、どこそこの会社はボランティア、海外体験をしておけば入社しやすい、などの情報を入手する手段はなかったはずです。

つまり、面接者の独善的判断でははかりきれない、時流が育《はぐく》んだ自己中心型の知恵者が増えたということです。

そして、形式的手順を通過して面接にのぞんだ彼らの演技力に惑《まど》わされて、人間的資質を見抜けぬまま入社を許したから、2対6対2の法則発生も必然的なものだったと考えられます。

入社システム見直しに必要なものは、応募者側の人間的資質を見抜けるだけの体制づくりです。

ある旅行会社が、添乗員の最終面接に、お得意様の婦人たちを同席させたことがあるそうです。

形式的手順（履歴書、試験、第一次面接）をパスした応募者たちを社長や重役たちが最終判断する場です。普通はそこで不採用になる人物はいないはずの形式だけの面接だったはずなのに、いく人かの婦人が「あの人が添乗員なら旅行を考え直すかもしれない」旅行者代表の婦人たちの勘、肌で感じる嫌悪感が、ある応募者を差したといいます。応募者と婦人たちに面識はなく、利害関係もありません。

結局、社長や重役たちは「旅行会社にとって重要なのはお客様の印象である」ということで、その応募者は不採用。その人以外、婦人たちの眼力が選んだ添乗員がその後優秀な成績をおさめていることで、その会社は、お客様面接を続けていると聞いています。

また、こんな話を聞いたこともあります。

長い間、ある会社の受付として働いていた女性からの話です。その会社は時流にのったマスコミ系の会社です。春の新規募集には数百名の応募者があります。

その女性の話では、応募者の中に、直接採用にたずさわる面接官など、利ある人と対するときの表情と、受付で会場を尋ねるときの表情が菩薩《ぼさつ》と般若《はんにゃ》ほど変貌する人たちが最近増えたといいます。そして、受付女性が不快感を覚える二面性を感じる人が採用される傾向が強く、彼女が好感を抱く、受付でもていねいな態度をとる人は、たいがい不採用になるのだそうです。そして、受付女性が二面性に感じた不安はおおむね的中、男性では仕事しているかどうかわからない好き勝手な行動をとる人が多く、女性では男女の愛憎劇をまきちらす人が多いと分析しています。

「会社も馬鹿よね。私なら一発で人間性を見抜くのに」

心に残った受付女性の言葉でした。

不況、人余りの時代です。逆手にとれば中小企業でも優秀な人材を確保できるときかもしれません。人が企業の未来をつくります。では、どうしたら優秀な『2割』の層を見抜けるか。

①履歴書→試験→面接、の流れをかえてみる。全員面接→履歴書→試験→最終面接。まず全員を面接するなど大企業では無理でしょうが、中小企業では可能だと考えます。面接のあとの履歴書評価は、学歴偏重などの先入観を薄めます。

②エピソードで紹介した旅行会社のように外部意見を参考にする。

③面接担当の年令制限→22歳の応募者なら、彼と時代観を共有できる、例えば28歳までの面接官の判断にゆだねる。あるいは面接官の意見を尊重する。

④全従業員がスカウトマンになったつもりで、母校訪問など、日頃から優秀な人材確保へのルートをつくっておく→これは人手不足の時代、中卒勤労者が金の卵ともてはやされたころの人材調達法の模倣《もほう》です。

古くからあるこのシステムの長所は「企業は優秀な人材を求めている」という単純

ですが、働く人間が組織の中に入ってしまえば忘れがちになる最重要事項を社員に再認識させるとともに、スカウト活動報告書を提出した人物の、やる気を判定する材料にもなる一石二鳥策です。

やる気のある人物の活動報告書は、いつ、どこで、だれと会い、受けた印象、手応えはこうであった。というような目的意識を感じさせるものですが、やる気のない人物の活動報告書からは、企業のための人材探しという目的意識はうかびあがってこないはずです。

彼にしてみれば、昨日までの、与えられ、こなしてきた業務以外に、新たに発生した人材探しのための時間は、迷惑なことだと受けとるか、あるいは勤務中に抜け出してコーヒーを飲むためのブレイクタイムだと認識するはずです。

人材確保のための費用は企業負担です。そうすることで、社員の行動を把握できる活動報告書提出は義務となります。

ただし、このシステムを実際にとり入れるなら、かなりの時間が必要だと思われます。新卒採用者には、そのような活動ありと説明しておかなければなりませんし、現社員には、少なくとも半年前から準備期間を与えるべきでしょう。その間に実現可能なシステムかどうか、想定される現業務への影響は、など、従業員全体で検討しなければならない機会が必然的に発生するはずです。

話し合いの場で『企業は優秀な人材を求めている』現実を従業員も自覚する流れが、自然にできあがります。

など、など、優秀、もしくは役に立たない「2割」の層を選別する方法はいろいろと考えられますが、いずれも入社へのハードルを高くするだけの方策だといえるかもしれません。

間違いのない方法はただ一つ。採用責任者、総責任者の社長が人を見抜く眼力を身につけることです。そのためには——

①他企業の人事担当者との意見、情報交換や講師をまねいての研修などで研鑽《けんさん》をつむ。

②履歴書や面接などで受けた印象を応募者の実生活と比較してみる→応募者が金の卵を産むか、企業に損害を与える害虫となるか、この段階ではわからないはずで

す。
彼のテリトリーで友人たちの声を集めてみるのも損にはなりませんし、自分が受けた印象と声を比較することで、より立体的な人間像がうかびます。もし、応募者を不採用としても、人事担当者、社長のそれまでの努力はゼロにはなりません。経験は蓄積され、人を見抜く眼力になります。

③ 試用勤務期間後に入社判定会議を→新規採用者、中途採用者でも試用期間後に解雇する企業は旧来型の日本企業ではまずありませんでした。

しかし、問題をおこして解雇、中途退社した人物への評価を試用期間中にさかのぼって関係者に尋ねてみれば、100%の確率で問題の芽はすでに存在していました。もちろん問題をおこして退職した人物への評価ですから、関係者が彼のよい面を口にするわけはありません。この在籍者の心情を差し引いても、やがて問題をおこす人物は、そのサインを試用期間中に出すものです。それを見逃すか、的確に見抜くかが勝負です。

そのサインは、人間が生まれや環境で培った「残忍性」や「虚言癖」など、本質的な人格構成要素に基づくサインです。虚言癖や残忍性は社内教育では修正できない類いのもので、放っておけば組織調和を阻害し、企業の信用失墜につながる『ガン』に進展すると私は考えています。

そのような人物は、試用期間中であっても退職させることが企業のためです。担当者が、その可能性を口にしていれば問題はないはずです。

あと、本質的なものではありませんが、見さかいのない好色性や金銭感覚の欠如もできれば避けたい資質ですが……助平ほどいい仕事を残し、豪傑ぶった金遣いをした人間ほど大きな仕事をまとめた例もたくさんあることを念頭においてみれば、いちがいには避けたい資質とはいえないものを感じて、悩むところではあります。

私にいえるのは、好色家や豪傑ぶった人物は、社長の教育方針次第で重要戦力に大化けする可能性もあれば、破滅に突きすすむこともあるということでしょうか。

中小企業における人材採用の責任は社長にあります。決断を人まかせにせず、2対6対2の法則を10対0の法則にかえる努力を社長から率先垂範しなければならないと考えます。

10対0とは、社長を含めて、働く人間10割、働かない人間ゼロということです。理想を追求することが企業努力です。

第三項　月次決算を導入すれば、企業の体力は必ず強化し同時に、不良社員をあぶり出すことができる

私の関与企業でも、月次決算の必要性を認識されているところは多いのですが、実際とり入れるとなると、まだまだ準備不足。月次決算の普及率は2割といったところでしょうか。

月次決算をひとことでいえば、年1、2回の確定決算を毎月行なうということです。

理想形は毎月末に決算書を仕上げ、その決算書をもとに、前月（昨日を含む）の反省会議と当月の目標会議を行なうことです。

「未収や未払い、納品書や先送りした事務処理は？」

「決算事務にかかる労務対策は……現状では無理だ」

わかります。

しかし、まず無理ありき、では過去を踏襲《とうしゅう》するだけ。新しいものはおこせません。本当に無理かどうか、真剣に考えてみる価値はあると私は考えています。

年1、2回やっていたことを毎月やるだけと考えられないでしょうか。伝票処理などは見積りでいいと考えます。正確さを期して売り上げ計上した未収金が回収不能となったら、回収不能と判明した月に処置すればよいのです。

私が顧問先の企業に月次決算を薦《すす》めた当初の理由は、事務経理を軽視していた社長から、帳簿上は利益が出ているのに手許《てもと》に金がないのはなぜ？　というような、初歩的な疑問を持ちこまれたのが発端でした。そのような社長に事務経理の重要性をわかりやすく説明するためのお手本として、月次決算表をつくっていたのです。

毎日発生する取り引きを仕訳して、伝票や補助簿に記入。そして元帳ができる。正確さを確認するために月次決算表を作成。決算表ができれば予算もたてやすくなります。

実は、月次決算がやる気のない社員を判別する方法だと気づいたのは4～5年前のことです。

金はないのに利益は出ている会社の社長が、予算や運営見通しをたてるためには、決算書の正確性はなにより重要です。

ある会社で、社長がより正確な月次決算書の作成を女性事務員に指示したところ、ひとりの事務員が「ややこしいし、残業はいやです」との言葉を残して辞めたのです。

もともと仕事が好きな女性ではなかったようなので、社長に痛手はありません。それどころか、事務員まかせだった決算書の作成を社長自身も手がけたことで、それまで漠然としかわからなかった金、商品、仕事の流れを把握できるようになり、利益は出ているのに金はない状況は以後なくなったのです。

月次決算作成作業の目的は、社員一人ひとりに自社の運営状況と、その中での自分の役割、責任を自覚してもらうことにあります。

はっきりいえば、会社を儲《もう》けさせるのが自分の務めであると認識してもらうための方策です。

年1、2回の作業が毎月末にくるわけですから、従業員、経営者ともに仕事は増えます。慣れるまでは不満の声も出るでしょうが、それに対しては経営者が報奨を提供することで不満は解消されるはずです。

月次決算が企業にもたらすメリットは1ヵ月や2ヵ月であらわれるものではありません。しかし、私の経験上、月次決算を取り入れた企業で業績が下降したところはありません。

収益の確保という不確定要素を確定に近づけるためには、人間が力を入れなければなりません。一人ひとりを刺激することで収益確定に近づくと私は考えています。その刺激が月次決算です。企業の守りの部署である事務経理への刺激は、攻めである、営業や販売を必ず活性化します。継続しているうちに従業員一人ひとりが月末にむけて収益確保に努力するようになるか、あるいは仕事が嫌いな社員は仕事が増えるだけでやめていきます。人件費の節減で、どちらにしろ一石二鳥です。

契約から着工、完成まで仕事を長い期間ではからねばならない、いわゆる受注生産業などでも、経理、管理体制が確立されていれば人件費を核にして、一日の損益計算はできるはずです。

損益計算ができるということは、月次決算も可能だということです。

どのような業種、企業においても経理、在庫などの管理状況はすぐ取り出せなければ、顧客、取引先などからの要望に即応できません。中小企業の存在意義は、顧客、取り引きのニーズに即応できる足まわりのよさだと私は考えています。

第四項　管理者が陥《おちい》りやすい6つの悪習

これは、経理や営業といった「金」とむかいあう部門から離れた部署、例えば商品開発、研究機関、ルートセールスなどに所属する人たちに見受けられる傾向ですが、企業を支えているのは収益であるという、あたりまえのことが忘れられている場合がままあります。

経済性への無頓着は、たちまち無駄な経費の発生につながります。

これをふせぐには、経済性への自覚をうながす社内研修や人事異動などで、企業体系は収益の確保、資本の蓄積によって守られているという事実、その事実は社員一人ひとりの協力がなければ維持はできない、という考え方を末端まで浸透、根づかせなければなりません。

どこの中小企業にもいそうな、ある管理者（管理職）の業務態度を見て、企業にとっての経済性とはなにかを考えたいと思います。

管理者が陥りやすい6つの悪習

①自分がやらなければこの仕事はできないと思い込み、部下に任せない↓雑務過多で仕事に追われる。

②業務の進め方が我流である↓標準化、型決めができず非効率化がすすむ。

③仕事を誰にでもわかるようにしていない↓本人がいないと仕事が停滞して無駄が生じる。

④与えられた権限について報告は不要と判断して、報告や連絡をしなくなる↓トップは結果がわからず不安になる。

⑤管理者の仕事の優先順位を理解していない↓企業内における自分が管理する部門の位置と役割。管理する部門が、他に与える影響など総合的な相関関係を理解していなければ管理モレが生じる。

⑥事務所にいれば仕事をした。何軒歩いたから仕事になったと自己満足している↓

利益にむすびつかない仕事にあけくれ、業績はあがらない。

全項目にあてはまるような管理者（管理職）はいないとは思いますが、ここでは存在することにして話をすすめます。

仮にA氏とします。

A氏を評価すれば、残念ながら管理者（管理職）の器《うつわ》にあらず。ただちに一般職に降格させるのが、A氏のためでもあると思われます。

能力以上の業務は、ときに人格さえ崩壊させます。

「人間は無能と評価されるまで能力を伸ばすことができる」↓ピーターの法則より。

ピーターの法則とは、人はときとして能力以上の仕事を与えられたときに能力伸長どころか、停滞、退行をこえて、いわゆるパニック状態、いきなり能力をゼロにしてしまう可能性もある。という法則です。

会社の業績伸長に貢献してきたやり手部長が社長になったばかりに、会社を倒産させた。あるいは優秀な課長だったはずなのに、部長になったとたん評価が一変。社長や役員からこきおろされ、部下たちからもそっぽをむかれる。そんな人物はけっこう多いものです。

A氏もそのケースではないかと考えます。企業人に必要な経済観念に絞ってみても、A氏の経済観念は一般職のままです。

一般職がもたらすロス（無駄）は、一般職ひとりのロスですみますが、管理職のロスは所属する全員のロスにつながります。普通の管理職なら組織全体の生産性を考慮するはずで、自分の6つの悪習が組織の生産性を邪魔している事実に気づき、改めるはずです。

③――仕事を誰にでもわかるようにしていない、の項を導入部にして、ある日A氏がもたらしたロスを試算してみます。ただし、A氏が誰にでもわからないようにしていたのは、重要機密事項ではありません。

A氏が2時間事務所を空けたときに、彼が自分しかわからない方法でしまいこんでいたデーターを別の部署から請求してきました。別部署ではA氏のデーターをもとに急な会議です。A氏のデーター検索に二人の部下が1時間かけたとします。そして別部署では、そのデーター待ちで会議開始が1時間延期されます。発生したロスは、二人の部下がデータ検索につかった1時間プラス、彼らがそのためにストップした自分の仕事時間二人分。合計4時間です。そして会議が1時間延期された部署では――1時間、わずか60分を通常の業務にふりわける。あるいは有効な時間の使い方をする事務所の存在を私が知らないことから判断して――ボーッと過ごしたと仮定すれば、A氏が別部署にもたらしたロスは、会議待ち人数の2時間分。合算すれば、一人の日給ていどにはなるものと考えられます。

どこの企業にも、A氏のような人物を見受けます。皆さん、人受けがよくて、利害がからまなければいい友人になれそうな人たちです。

しかし、人のよさと企業が管理職に求める能力は比例しません。

たしかに組織には、没個性化をふせぐという意味で潤滑油タイプの毒型人間も、例えば漫画「釣りバカ日誌」の主人公、浜崎伝助氏のような個性を必要とする場合もありますが、現実の組織運営においては、社員一人ひとりの行動を経済性という観点から見なければなりません。

浜崎伝助氏の企業における存在価値は、彼の所得以上の収益効果を、あの建設会社にもたらしているから、彼の存在は認められているのです。

例えば、徹夜覚悟で始めた残業で、イラ立った事務員たちに計算ミスが続出しているころ、登場する浜崎伝助氏の潤滑油効果で、事務員のイラ立ちは解消。結局徹夜予定の作業は終電前に終わります。すると、彼のおかげで、あの建設会社はいくら出費をおさえたか。まず残業費があります。終電以降になれば、当然タクシー代、あるいはホテル代。そして、金額への換算はむずかしいのですが、事務員に自宅で眠れる時間、明日への英気を養う夜をプレゼントしたことになります。

浜崎伝助という人物は、就業時間に釣《つ》り竿《ざお》の手入れをする毒的要素以上の貢献をしている。上層部はそう判断していると考えられます。判断材料となるものは、この場合、会社が節約した残業費、タクシー代、ホテル代など、あくまで数字化できるものです。事務員が自宅で眠ることで養った英気は判断材料にはなりません。

人のよい人物は、企業内において、ときおり、この数字化できない貢献を口にします。

しかし、数字化できない貢献は、あくまで数字化できる貢献に、付加価値的に派生するものなのです。

A氏がもし、この数字優先思考法を自らの習慣として、自身、部下、組織の生産性をはかっていれば、6つの悪習にそまることはなかったと考えます。

現在のA氏に、浜崎伝助氏なみの存在価値を認めることはできません。ならば、A氏は自ら降格を申し出て、管理職（者）にふさわしい経済感覚、行動思考法を勉強しなおして、再度昇進されるべきだと考えます。

すべてを経済性優先で考えねばならないというのは、人材の確保、育成面でも重要なことです。

ここまでで私は企業にふさわしい人材、組織を戦力として育てられるかどうかが、21世紀の企業運営を左右するポイントであると書いてきたつもりです。しかし、対象となる人材に成長が見込めぬ場合は切る意志も大事だと考えます。

それをやるのは、まさに社長です。

駄馬は駄馬。それより安価な名馬も多いものです。不況時の経営においては確実な見返りを期待できるものにしか資本をつかってはなりませんし、資本を守るという考え方も大事かと思います。

極論すれば、休日まで所得保証している月給者は、それに見合うだけの収益を企業にもたらしているか。日給者は日給者の価値があるのか、職能給への切り替えは必要ないのか。

月給者を日給者あつかいにかえ、日給者をパート従業員に移行すれば、どれほどの経費が浮くのか。それによって失う可能性のある人材の補充にはいくらの経費がかかるのか。このくらい数字化してみて、現況と対比させてみることは社長の義務だと考えます。

また、日本型の企業拠出金に、過去の貢献にたいして論功行賞的に払われる役員報酬があります。経済最優先で考えれば、これも見直すべきだと私は考えています。その役員に、生産性、浜崎伝助氏なみの存在価値があれば別ですが、たんに過去のしがらみ、論功行賞なら切るべきです。

過去は過去として清算し、経済性を絶対視する考え方を企業内に根づかせてしまえば、企業にまとわりついている、無駄な贅肉《ぜいにく》は自然に落ちるものだと私は考えています。

「しがらみが」「慣例だから」「情が」「俺《おれ》がなんとかすれば」――。で乗り切れるほど時代は甘くはありませんし、古い体質を引きずる社長の精神構造は、６つの悪習にそまったＡ氏と同じです。

第五項　仕事ができる人は二重、三重の仕事をこなす。できない人は二重、三重の思考をする

いろいろ考えているのに、なかなか業績にむすびつかない若い社員がいます。彼らのタイプは大雑把《おおざっぱ》にわけて、まじめ、ふまじめです。まじめな性格がふまじめより有能だとはいえませんが、同じ成績ならふまじめより、まじめがましにきまっています。

ふまじめな性格にもいろいろありますが、ここでは社内教育で矯正できない残忍性や虚言癖、なまけもの気質の持ち主ということにします。

ふまじめなタイプは「切り」です。

すると残るのは、まじめだが、なかなか結果にむすびつかない人ということになります。これが仕事上の悩みをかかえた若い従業員の平均的な姿だと私は思います。

仕事ができない人は年功給から職能給、あるいはパートへの切り替えも考慮しなければならないと私は書きました。

だけど、ちょっと待ってほしい。彼らの上司は本気で彼らの潜在力を引き出す心遣いをしたのか、と問い正したいときがけっこうあったのです。

なぜなら、私が見たところ、彼らはたんに仕事上の壁につきあたったスランプ状態、そのスランプは上司（あんた）がもたらしたものだと思われるケースを散見しました。

どのような企業、職種をとわず、成績優秀者は思考を即応型の行動で結果にむすびつけますが、思考を行動に移しても結果にむすべない人は、自信喪失者特有の押しの弱さで結果を逃し、あるいは先のばしにしていたケースがほとんどでした。

彼らの自信喪失の、おおもとをたどれば、生来の弱さ、優しさ、コンプレックスなどでしょうが、経営の最前線を歩いてきたコンサルタントの視点でいえば、問題点は二点あります。

① 初期社員教育不足↓社会とは、会社組織とは、理念とは、上下関係とは。概念か

ら教える基礎教育です。「そのくらい常識だろ」では通じない時代なのです。ここで大事なことは教育の場を現場から離すことです。

現場は仕事の流れが優先しますので、概念教育はできません。そして実務上、彼らが遭遇するであろういくつかの困難な問題を解決する方法論まで理解させておけば、彼らがスランプに陥《おちい》っても、その脱出時間は、基礎教育を受けていない社員より飛躍的に早くなります。

② 上司の存在→自信喪失気味の若い社員たちには、ある共通したタイプの上司がいたことに気づきます。象徴的なタイプは二とおり。

まず、部下の才能を認めようとしない、あるいは否定、無視するタイプですが、これは第一章第一項の問題企業側社長と重複しますので、ここではとりあげません。

もうひとつのタイプが、年令のわりに出世が早かった、いわゆるやり手。能弁で自信過剰気味な上司の存在です。

結論からいえば、やり手ではあってもそういう上司には、スランプ状態の部下を立ち直らせる指導力はなかったと私は考えます。

部下を指導するというのは、部下の立場に立ってみれば普通にできることだと考えます。

例えば、上司が新人をひとりで取引先に行かせたとします。そして新人が、かんばしくない結果を持って帰社します。「なんだ、だめだったのか、やっぱり俺が行くべきだったか」そう上司に切り出されたら、部下には弁解のしようがありません。「すみません」と謝るほかはないと思います。一方、普通の上司――私はこれが普通だと思います――は、あくまで新人を受け入れるかたち、「そうか、ごくろうさん、それでお客さんの反応はどうだった」と会話の主導権を新人にゆだねるものです。

事実、自信過剰気味な上司と離れて潜在力を開花させた若い社員の例は枚挙にいとまがありません。

部下を伸ばせない自信過剰気味上司の部下への対応法を最大公約数的にいうと、賞賛よりは叱責《しっせき》を多用する傾向が見えます。また、「俺にやれたんだからお前ならやれる」というような、強引な論法、自分の経験、手順を押しつける無理強い型の激励があります。自分ができたことは他人もやれるとはかぎりません。

そして、上司たちに共通する姿勢は必要以上に自分を大きく見せようとする態度です。自分を大きく見せようとする態度は一見、上司を頼もしく見せます。また彼らの上昇志向は、社員として習得しなければならないさまざまなノウハウの吸収速度を速めます。だから出世も早い。同期入社組もついていけなかった上司のスピードに若い社員がついていけない、反駁《はんばく》できないのはあたりまえです。

そして、自分の配慮不足に気づいていない上司の部下への期待がくずれはじめると同時に開始されるのが、賞賛よりは叱責、無理強い型の激励です。部下は短期間で確実に萎縮、自信喪失へとつながります。

仕事とは厳しいものです。甘えは許されませんが、人間のやる気、可能性を引き出す方策は厳しいものがすべてではないと考えます。

私が、この人なら部下は能力を開花させると思う社長、管理職がいく人かいます。彼らに共通する教育方針は、部下の資質に合わせた育成法。長期的な展望にたった部下の成長を見守る態度です。

といっても、企業は義務教育の場ではありません。ある程度の期間は彼らの可能性を信じて、ねばり強く指導していますが、見切ったときの「切る」決断と実行は電光石火です。彼らの人柄を「昔気質」「今風」にわけて紹介します。

〔ゲンゴロウ社長、時代遅れの行動と発想に人を育てる秘訣《ひけつ》あり〕
中堅工業専門機器メーカー社長　56歳。

ゲンゴロウとは、氏の口癖からとった私だけにわかる呼び名です。水棲昆虫のゲンゴロウです。
「私はゲンゴロウみたいなものです。じっと水底で小魚の骸《むくろ》が流れてくるのを待っているかと思うと、時折、空気を吸いに水面に上る」
氏のいう水底の姿とは、工場で従業員たちと一緒に油まみれになる姿のことで、空気を吸うというのは、大手商社の幹部たちや官僚たちとも対等につきあえる博識ぶり、大学教授とも見まがう風貌から指摘されることの多い二面性を、社長自身が茶化していわれていることだと私は考えていました。しかし、少し違っていました。

ゲンゴロウ社長は若
技店」「風俗店」などの寮で人目
「その生活の中で、知らず識らずに人を
と対等につきあうこつを学んだようですね。そ
と思います」

無頼な生活から抜け出た氏は、ある工作機械会社に8年間
勉強で会社をたちあげ、業績は順調に推移しています。氏の会社の
従業員の離職率がきわめて低いことです。

「人を自分の望む方向へ育てようとすること自体が、おこがましいことです。私は私で、社員には社員の個性がある。個性の違う社員を自分に同調させようとするなら、自分から社員の意識レベルまで降りていって、そこから社員と二人三脚で私のレベル、そして私が希望するレベルまで伸ばすよう背中を押さなければならないと考えています。

最近の若い人たちはわからないという人たちがいますが、それは若い人たちが集団

になったときに生み出す風潮のことであって、油まみれを覚悟して、うちの会社に入ってくるような若い人は昔の若い人、自分もふくめてですが、そう変わってはいません。ただ、従業員も増えてきますと、今までのように一人ひとりとじっくり話し合える時間は減ってきます。

だから私は従業員たちが、いま何を考えているのか、何を欲しているのかをしるために、彼らと同じ空気の中にいる。つまり、ツナギを着て油まみれになりながら同じ汗を流す職場での時間を大事にしているのです。

気をつけているのは、社員を叱るときは、絶対に人の前では叱らない。誉めるときは全員の前で誉めることぐらいですかね。管理職にもそれだけは徹底させています。あと卑怯《ひきょう》な真似は嫌いです。

例えば、中間管理職が自分の失敗を部下に押しつけようとしたりすれば、多分クビにします。幸いなことに中間管理職にもそれはわかっているらしく、

ツを持ちたがる奴《やつ》らばかりです。ははは……」

大多数の社長、管理職、中間管理職ま、

しかし、ゲンゴロウ社長にはその固執を感じません。ゲンゴロウ社長が経営するクラスの会社（従業員数十名・年商数十億）になれば社長は現場に出ないのが普通です。しかし氏は、週に最低一度は工場で汗を流します。

自分をゲンゴロウに例えるのは、現場と背広姿の二面性をいっているのではなくて、体験のおかげで現在の自分がある。ということを自分自身にいましめているのではないかと私は思うようになりました。そして、いましめの根にあるのは、氏がそこで身につけた、あらゆる階層の人と対等につき合おうとする公平感だと思うのですが。

小学生に、いきなり大学の入試問題を解かせることは無理な話です。ゲンゴロウ社長の信念である、若い人のレベルにあわせようとする姿勢。いいかえれば、一人ひとりにあわせて、サジ加減《かげん》をかえるのは、教育姿勢の原点ではないかと思います。サジ加減を決定するのに必要なのが、相手の基礎能力を見抜く眼力です。

これは組織育成法にも通じます。

月平均1億の売り上げ能力しかない組織に、翌月から10億の売り上げを求めては、組織を自爆させるようなものです。

1億を2億へと、まず目標修正させ、そのための手段を全員で計画。そして実行。計画が失敗したにせよ、その理由を確認することが大事です。社長以下、全員で検討した失敗の理由が次の2億達成の大きなヒントになります。

2億が達成できれば、3億への道も開けますし、組織のスキルアップとともに10億の目標でも自爆しない組織体力がつくはずです。

そして、組織を10億の売り上げに自発的にむかわせるのが社長の理想的リードだと思います。

ただし、ここで触れておかなければならないのは、ステップアップの過程で予期せぬ事態が連続したときのことです。

成功したあとは「勝っておごらず」の心構えさえあれば、冷静に勝因分析、次の飛躍へとつながりますが、問題は失敗が連続したときです。

一般的に考えると目標到達に失敗したときは、敗因を分析して教訓化すれば次の機会には失敗の確率は低くなると考えるのが普通で、いわゆる『失敗は成功の母』という考え方です。

しかし、それでも失敗が連続しないとは断言できないのが企業運営の難しさです。たび重なる失敗体験は個人、組織から挑戦する意欲を次第にそいでいきます。雌伏《しふく》×年で司法試験に合格する人より、挫折する人のほうが多いのと同じです。

このようなときには、過去に成功した体験や過程を思い出すプラスイメージトレーニングの効用はよく語られていますし、私もその必要性は痛感しております。

だけど現実、ネガティブな雰囲気に陥った組織に元気を取り戻させるのは、そうたやすいことではありませんし、イメージトレーニングを実効にむすびつけるには、訓練期間も必要になります。

そこで私は、単純なのですが、目標を達成したときは徹底的に達成要因を分析、組織の全員で確認しあい、連続失敗したときには全体での分析、教訓化作業を中断する。失敗の原因究明を個人に委《ゆだ》ねる手法です。少なくとも組織全体がネガティブイメージに染まることはなくなります。

と、いっても最も確実なのは、組織が暗くなったときに組織を再活性化できるリーダーの存在なのです。

私はゲンゴロウ社長に理想的なリーダー像を見るのです。

〔社員メル友多数部長の人心掌握術〕

医療機器販売会社部長　46歳。

「親父の後を受けて、1～2年のうちには社長になる予定です。うちの社の従業員の平均年齢は29歳で、46歳の私は年寄組に入ります。私の下には4名の管理職がいて、それぞれの管理職に、3名ずつの中間管理職、支店長といった組織構成です」

メル友多数部長は、大学卒業後、有名医療機器メーカーの販売マーケティング室で市場動向調査部門に在籍していました。ですから、OA機器の扱いはインストラクター並みです。

「親父の会社に戻ったとき、年上、年下の部下たちとどう接していいのかわからず、イラ立って女性販売員を怒鳴りつけ、親父にこっぴどく怒られたりしたものです。多分、私が昔風の算盤《そろばん》と帳簿片手に部下ににらみをきかす二代目だったら、大多数の部下たちはきっと辞めたと思います。

私が会社勤めをしていたときがそうであったように、自分の本音をぶつけられる上司などそういるものではありませんからね。結局、上司とわかりあうこともなく私自身退職したのですが、いざ自分が部下を持つことになって、初めて上司の気持ちがわかりました。さっそく部下たちを飲みに誘ったりしてみたのですが、部下から見れば二代目との壁は厚いのでしょう。一度や二度は付き合ってくれますが、結局しゃべっているのは自分だけ。皆が心を閉ざしている状況に気づき、空虚な気持ちになったものです。

ところがある日、部下のメールアドレスにメールを送ってみたところ、会社では絶対聞けそうもない、部下の気持ちが私のパソコンに戻ってきたのです。上司に面とむかっていえないことでもネットではいえる。そのあたりの部下心理は、正直なところ私にはよくわかりません。ただいえるのは、会社勤めしていた自分が、もしあのころ上司とメールのやりとりをしていたら、もう少し、上司とわかりあえたのではないか、自分もパソコンの画面を見ながらキーボードを叩《たた》く孤独な作業の中だったら本音がさらけだせたような気持ちになったのです。

で、親父を説き伏せて、購入費の3分の2を会社側が負担して、全従業員にパソコンを取りつけさせました。もともと、部下と忌憚《きたん》のない交流をしようと考えた私のわがままだったのですが、予想以上の効果がでたようです。

〈今の給料では一人暮らしはできない。5万円給料あげて〉

こんなとんでもないメールも飛びこんできますが、それに対しては、

〈バカモノ、それだけ働いていると思っているのか〉

私もわざとアナクロチックに応えます。そして、とんでもないメールの送り主と、ひと晩の間があって顔を合わせます。これも不思議なことですが、そんなやりとりをネット上で交わしていたにもかかわらず、部下と私は必ずニヤリと笑いあうのです。

ただし、笑いかけるのは自分が先です。笑いあうことで意思の疎通が始まります。

そこで私は会社の利益率、一人ひとりの経済性について部下と話し合い業績向上への協力を願います。ネットがもたらす親近感というのでしょうか、ほとんどの部下は納

得してくれます。

また、経営上のさまざまなアイディアも入ってきます。無口で店頭に立つことしかできないと思っていた女性が、購買意欲のある顧客とひやかしの客を見分けるスペシャリストで、見分け方のポイントを分析して教えてくれたりするのです。

ネットのおかげで、私と従業員の間にあった壁は取り払われ、おたがいに表情が豊かになったと思います。必ず私はメールの主に『ありがとう』と言葉をかけて、一日がスタートします」

上司と部下の関係をいいものに、強固なものにするためにあたりさわりのない日々を過ごすのではなく、たまには、本音を見せあう。そして双方にとって新しい関係をつくりあげていくというのは、人間関係を良好にするための基本中の基本手順だと考えます。

部下にとって信頼する上司から学ぶ教育は、嫌いな上司から学ぶ教育より、数十倍理解度を早めます。

ゲンゴロウ社長の手段は週に一度は油まみれになることであり、メル友多数部長の手段はネット上の会話であったということです。

昔も今も、部下を伸ばすのは、誉めること、部下に感謝すること。そして部下自身が、仕事をやりとげたときに感じる喜び（達成感）です。ここでは紹介しきれませんが、若い社員に達成感をもたらすために、「上司は、年に1回や2回は若い社員の黒子に徹しろ」そう朝礼でいい続けている社長もいます。

第六項　研修は上層部からやれ。社長の指示がどのように末端までとどくかの過程が確認できれば、中間管理職の能力がわかる

企業によっては、一般社員にばかり研修して、上層部が勉強不足になるところが多いものです。それでは組織は成長しません。上層部が一般社員以上に勉強してリーダーシップをとることから組織は成長をはじめます。

「社員はこれまでの3倍働け、重役は10倍働け、僕はそれ以上働く」とは、元経団連会長土光敏夫氏の有名な言葉です。

私は組織上層部の精神的ありようをいましめる言葉としてたびたびつかわせていただいています。

中間管理職の理想は上司と部下、半身《はんみ》で対応する姿勢です。

上司の顔色ばかり窺《うかが》っている中間管理職が、部下の不満を上層部へ汲《く》み上げること

はありません。自分の管理能力を上層部に疑われかねないからです。これは絵空事《えそらごと》ですが、もしかすると部下の不満の中には、上層部へきちんと報告しなければならないたぐいのもの、部下たちが団結し、ストライキを画策する前兆となる不満もあるかもしれません。

上意下達も、その逆も中間管理職がきちんとした社内人間関係を築いていなければ、伝達情報はどこか歪《ゆが》んでしまいます。

中間管理職の地位を「戦《いくさ》」でいえば、最前線の兵をたばねる組頭でしょうか。天下人の豊臣秀吉が出世のきっかけとなったのは組頭時代の活躍でした。将軍がどんなに秀れた作戦をたてても、末端の兵の先頭に立つ組頭が作戦を理解し、兵が組頭に同調しなければ、白眉《はくび》の作戦も宝の持ちぐされです。

いく度か私は「部下は上司の本質を見抜くが、上司は部下の本質を見抜けない」と書いてきました。これは企業内における人間の視点のベクトル（方向性）を示す公式のようなものだと思いますが、私流の解釈で説明します。

人間には自分を守る本能が存在します。企業における自己防衛手段はいくつか考えられますが、第一位は上司に可愛がられることではないでしょうか。部下のいない社員では下を見る必要はありません。

では、中間管理職ではどうでしょう。整理するために一般社員を「平《ひら》」、中間管理職を「課長」、そして「部長」を登場させて三者の関係で考えてみます。

ひとりの課長に10人の部下がいたとします。平対課長の関係は基本的に10対1です。課長が平との関係に公平に応えるためには、ひとりへ10％の気遣いエネルギーが必要になります。

平10人分で課長のキャパシティ一杯の100％です。ところがそれでは課長が企業内で自分を守るための上司への気遣い、部長へのエネルギーはガス欠状態です。そこで有能な課長は、平からむけられる100％のエネルギーに自分は50％のエネルギーで応えます。余った50％のエネルギーを自分を守るため部長にむけます。つまり、平と部長に対する半身の構えです。

課長にすれば、50％削減した部下へのエネルギーは、課長が部長に評価されることで、部長が課長の組織、平たちへ50％以上のものを逆流させてくれることがわかっているからです。

それが、地位が高くなっていくほど、役職者人数が減っていくピラミッド構造の企業における理想的な地位関係を維持するための配慮というものです。

ところが、この理想的な課長のエネルギー配分比率をわかっていない中間管理職もまいるものです。なかには平への気遣いエネルギー0%。部長へのエネルギー100%。このような課長は、部長から逆流してくるはずのエネルギーをひとりじめしようとするのが常です。これは表面上、失敗の責任は部下にとらせ、部下の手柄は自分のものにするというような形であらわれます。

課長の我田引水を、ひとりの平が見ているだけなら隠せるのかもしれません。しかし、この課長には10人の部下がいます。課長への感情は、たちまち10人で共有することになります。そして当の課長は部長しか見ていないので、部下たちの気持ちに気づくのが遅れます。

強引なこじつけかもしれませんが、私はこの感情構図が「部下は上司を～」の底にあると考えております。

上層部にばかり目がむいている中間管理職の多い職場の特徴は、全体に活気がないことです。その雰囲気が職場にもたらすものは、成功より失敗を回避しようとする守りの姿勢です。

会話も小声ですし、ある種の緊張感につつまれているのが普通です。部下にすれば上しか見ていない上司を警戒するのは当然です。上司への警戒ゆえの静けさや緊張感を、自分の指導のたまもので、部下たちが職務に励んでいると勘違いしている0％対100％上司もたしかにいます。

それは違います。

部下は仕事をしているふりをしているのです。不信や警戒心をかかえた仕事が楽しいはずはありません。楽しくない仕事は楽しい仕事の半分の効率しかもたらしませんし、集中力や安定した感情を必要とする創造的な仕事はできません。

そのような中間管理職が、体質はそのままで昇進して、管理職になったとします。あいかわらず情報伝達は上意下達の一方通行のみで、社長の機嫌をそこねるような情報は、社長の耳には入りません。社長は、いわゆる裸の王様状態におかれます。

部下にもたらされた自己認識を自分の実像だと思い込んでいる社長は、たしかに多いものです。

これは、社長がカツラだと全員知っている会社の中で、社長だけが、完璧《かんぺき》な装着、誰も気づいてはいない、と思い込んでいるようなものです。カツラですむのなら実害はないかもしれませんが、人員採用時や事業方針決定時に、社長があきらかに選択を誤ったと思われるときならどうでしょうか。

はたして、社長の方針に軌道修正をせまらねばならないはずの管理職は、その役目を果たせるのでしょうか……。

一方、上司と部下に半身で対応できる中間管理職が指揮をとる職場は、活気にあふれているものです。部下にとって信頼できる上司の存在は、部下の能力を最大限に引き出す触媒のようなものなのです。

ある会社でこういうことがありました。そのまま書けませんので多少デフォルメ、職種など変更しています。

登場人物は、部下、課長、部長の3人です。そして、課長は部長の懐刀を自任しています。あるとき、課長と部下がチームで進めていたプロジェクト、二人が所属する会社が専門分野ではなかった初めて受注するタイプの1億円の工事が、課長、部下二人の専門知識不足で、契約寸前に他社にだしぬかれてしまいました。課長は部下の専門知識不足が、契約消滅の主な理由だと部長に報告しました。

部長は社内秩序を重んじる人でしたので、末端の部下への指示は課長を通し、末端からの声も課長を通させる人でした。

課長の報告を聞いた部長はただちに、その課全員を、特に受注を失敗した部下に、新技術工事ノウハウを修得する研修会、勉強会への参加を指示しました。受注に失敗した部下は毎日深夜まで続けた勉強によってたちまち、新技術のための専門知識を修得します。

一方、部下に責任の大半を押しつけたことで知識不足を露呈しなかった課長は、課全員という部長の指示だったにもかかわらず、勉強会にはほとんど参加することなく、今までどおりの業務をこなすだけです。もっとも課長にすれば、専門的な知識を要する新技術工事依頼は、もうないだろうと考えていたのかもしれません。

そして数ヵ月後、1億円の工事契約を破棄した会社から、今度は5億円の見積り請求がきたのです。今度は部長が陣頭指揮をとることになり、課長に同行を命じました。部長は課長に専門知識があり、研修で、より新技術への造詣《ぞうけい》を深めていると思い込んでいたのです。

課長が顔色を失ったのはいうまでもありません。

部長と同行したのは、最初の受注に失敗した課長の部下でした。課長は課長職を解かれ、製品管理へ異動です。

この話を聞いたとき、私は人間の甘えが、いかに自分に不利をもたらすかということを実感しました。

企業において、自分は上司に目をかけられているという過度な思い込みは、トラの威を借るキツネではありませんが、実際より自分を大きく感じてしまう錯覚をもたらします。

課長は、人間的にはそう悪い人だったとは思いません。おそらく彼は、部長と接する機会が多かったこと、部長と家族ぐるみのつき合いだったことで、中間管理職としての職務認識を誤ったような気がします。

部下たちと一緒の机で新たな知識を吸収するより、課長としての貫禄、陣頭指揮をとればいい、そのくらい部長も認めてくれるはずだ。悪気のない、その程度の考えだったと思われます。

上司の指示にすべて盲従的に従わなければならないとはいいません。指示の方向性をより効率的に変えるためには、部下であっても上司に反論せねばなりませんし、手練手管、話術、あるいは上司の前から一時、姿を隠してでも意志を貫かねばならないときもあります。

しかし、このケースでは課長はあきらかな判断ミスを犯しました。

組織の長としてなにより必要な専門知識を修得する機会を放棄したこと。リーダーが、部下より深い業務上の知識を持つことはリーダーの義務です。そして、課長に義務を求めた部長の指示に従わなかったことです。

中間管理職への研修とは、部下を持つことで発生する可能性のある権力者意識をとりのぞき、中間管理職としてふさわしい職務姿勢を教えることにあると思います。

「下から突き上げられ、上からは叩かれ……大変です」

本心からこのフレーズを口にする中間管理職なら、意識改善は当分必要ないと私は思います。

なぜなら、それが中間管理職のあるべき姿だからです。

第七項　仕事は、人格を磨《みが》く絶好の場である

私は酒と女性は好きです。女体への妄想はときおり湧き起こりますが、毎朝5時の散歩から黙考をはじめ、夜11時頃まで仕事、仕事の毎日を送っている身ですから、妄想の実現には、ほど遠い生活です。ギャンブルは、私自身がモラルダウンすると考えていますのでやりません。

尊敬する人物は、高杉晋作《たかすぎしんさく》や久坂玄瑞《くさかげんずい》など明治維新の立役者たちを薫陶《くんとう》した吉田《よしだ》松陰《しょういん》先生で、思想的には右寄りだと思います。

差し出す相手それぞれの顔を思い浮かべて、一文を添える年賀状と暑中見舞いの葉書を年ごと千枚出す目標は、そうしようと心に決めて以来、足掛け3年目あたりから達成できるようになりました。

これも今となっては昔のことですが、私の税理士事務所開業5周年パーティの席上で、若輩者の私が、居並ぶ年長者の社長さんたち、指導していただいた先生方を前にして「わが事務所が関与企業、皆様方のモデル企業になります」と大見得をきってしまいました。

参列していた父親からは「なんという思いあがり、立場をわきまえろ」と叱責を受けましたし、会場のそこかしこで失笑をかったものです。

でもはいた唾《つば》はのめないものです。また、私にすれば、自分が潰《つぶ》れるまでモデル企業への道をきわめようと心に決めていた言葉でしたので、父親の叱責や会場の失笑は、逆に発奮材料になったものでした。

当時はスタッフ数名の小さな事務所でしたが、私の気持ちを根気よくスタッフたちに理解してもらうようつとめて、モデル企業への長い道程がはじまりました。

とりあえずはじめたことは、一見、なんの支障もなさそうな事務所運営ではあっても、改善すべき点はないか、収益アップにつながるより効率的な方法は、そして、来客に心地よさを感じてもらえるように事務所内外を整理整頓《せいとん》、きれいにすること。トイレの照明をこまめに消すことなど、無駄を省く努力からはじめました。

同時に私は、関与企業を指導、補佐する立場の人間として、きちんとものを言える、知識、教養、人格を身につけようとさまざまな取り組みをはじめました。毎朝5時からの散歩と困難な問題を解決すべく黙考する習慣もそのための手法です。

随筆家、英米文学者の福原麟太郎《ふくはらりんたろう》氏は「人間は書くべき手紙を三通書き忘れていただけで憂鬱《ゆううつ》になる」といわれました。まったく同感です。これはやるべきつとめをきちんと果たさないと、負い目が生じる人間心理を表わした言葉だと思います。私も人に負い目を感じる生き方だけはすまいと心がけてきたつもりです。手始めがスタッフたちへの待遇です。

前述しましたが、健全経営とは人、物、金、情報ノウハウを有効に活用し、その経営資源をバランスよく育てることです。バランスの中心にあるのが「人」です。人を育てなければ、企業は理想にむかってまっすぐには進めません。

そこで私は、福利厚生や労働条件の改善、職場環境の整備を中心に、スタッフが仕事を達成したときに感じる喜びを倍加させるような事業展開を心がけているつもりです。

ひとつの方法として、研修室で行なわれる研修会があります。ここでとりあげた研修会とは、私や幹部の押し着せではない、職員が自ら企画立案して開催する研修会のことです。自分が中心となって開催した研修会が盛況のうちに幕を閉じ、知識修得の喜びを語る参加者の声は、研修会を開催した職員の喜びを増幅し、次のやる気につながっているようです。「人」とはスタッフだけにかぎりません。顧客あっての企業です。地域の文化サークルやボランティア活動にも参加をすすめ、スタッフ間、顧客の皆様との信頼ときずなが深まるよう配慮しているつもりです。

このような人との関わりを大事にする事務所の雰囲気。5時から起き出して散歩、事務所で黙考する私の姿勢を「まるで事務所が修行道場みたいだな」そういう友人もいます。

私はそれでいいと考えますが、ただ、友人の眼に修行道場と映った事務所の緊張感や個々の集中状態――それはたまたま一年で一番忙しい時期、企業の決算期と重なったものですが——は、あくまで職員の自発的なもので、私の押しつけがもたらしたものではないと信じたいと考えています。

私は完璧な仕事をスタッフに求めていますが、仕事を人格修養の延長線上にあるものと定義しているのは私だけであり、私の個人的生き方への同調をスタッフに求めません。

たしかに私が事務所に顔を出せば、それまでとは違ったピンとした空気が張りつめます。その私がもたらした緊張感はスタッフには必要ありません。鬼のいぬ間のなんとかではありませんが、多くの場合、なごやかな雰囲気、息抜きできる環境が仕事の効率をたかめます。

私は最低限度必要なことだけスタッフと打ち合わせ、そそくさと事務所2F、一番奥にある自分の部屋へと戻ります。事務所に私がいなくても、私が全幅の信頼を寄せる副所長、その副所長が信頼するリーダーたちがいれば、日常の業務に支障をきたすことはありません。

私は普通の男です。楽しいことがあったときなど事務所のスタッフと彼らのスタッフルームでバカ話にふけりたいときもあります。

しかし、それは私の部屋でなすべきことであり、スタッフの空間でやることではないと考えます。なぜならば、企業のバランスは私を中心にして保たれていますが、事務所内のリズムとバランスは、副所長を中心にして保たれているのが現在の事務所のありようです。

私の役目は、全体の求心力となることであり、彼らの空間への侵入は副所長の立場、リズムとバランスを壊す可能性もあると考えるからです。

私の、事務所内、副所長への気遣いは、きちんとした業務内容報告という形で私に戻ってきます。

はたして、私の事務所が関与企業のモデル企業体となりえたかどうか、まだ胸を張れる状態ではありません。もう少し長い目で見ていただけたらとは考えますが、少なくとも、事務所内における上下関係においては、優良企業の経営理念の項で表記しました『連帯感あるヒエラルキーの確立』はなされていると思います。

私が読書や顧問企業の社長さんたちから学び、散歩や黙考することで身についた自分の行動信条を、おこがましいのですが、いくつか報告します。

①どのような業種からの相談であっても解決したいと心から念じ、行動する。逃げない。

②どのような経営者にも学ぶべき点は多々ある。学ぶべき点は学ぶ。

③どのような経営者にも負けたくない。それは人格、気力においてだが。

④困難な問題は昼間は考えない。朝の散歩時に考え、メモに残す。そして黙考することで検討し、実行する。

⑤笑顔を忘れない。どんな苦境でも笑う勇気。

⑥自分、事務所の理想像をイメージした初心を忘れない。たとえ自分ひとりになっても今日までの努力はゼロにはならない。

⑦楽しむ心でことにあたる。

前記七項目は、私が老いて骸《むくろ》になるまで行動信条にすることだと思います。しかし、時流が変わるように、私のこまかな生き方、経営姿勢は少しずつ方針を変えるかもしれません。

「社長、それは違います！」

酒の勢いをかりてテーブルをドン！　と叩《たた》くような真似は、今年こそあらためなければと考えております。

この自分を見つめ直す心の姿勢の必要性には、10年ほど前から気づいてはいたのですが、理想を追い求めるあまりに現実を忘れてしまい、つい、ドン！　私の悪い癖です。

それでも事務所を今日まで運営できたのは、⑦のすべてを楽しむ心が私にあったからではないかと考えています。テーブルを叩いた社長さんたちと今でもおつき合いできるのは私に楽しむ心、笑顔、心から社長さんたちのためを思う、うまくいえないのですが「愛嬌《あいきょう》」が私にあったからではないかと思うのです。この愛嬌については後述します。

笑顔、楽しむ心は、社長、従業員にも必要とされることではないでしょうか。

仕事を例にとって考えてみます。

1日24時間のうち8時間働いているとする。朝起きて準備して、会社に行って働いて、帰って寝るまでを計算してみると24時間のうち大半は、仕事に縛《しば》られていることに気づきます。もし、仕事が楽しくなければ、一日が楽しくない、人生がつまらないものになってしまいます。人生を充実させるには、仕事を楽しいものに変えるのが最低必要条件ではないかと考えます。

自分はなにをやりたいのか、仕事にどう向き合えば楽しくなるのか、そのためにはどうすればいいのかを、一度じっくりと考えてみる必要があると思います。自分を見つめ直す心の姿勢が、まわりの自分への評価にやがてつながります。

私は散歩でそのきっかけをつかみましたが、方法は人それぞれだと思います。

自己啓発セミナーなど、きっかけを与えてくれそうな場は、日本中に無数にあります。とうぜん無料ではありませんし、無料はオ○ムなどあやしげな団体主催のものもあるようです。

経済性も考慮にいれて、一度ぐらい足を運ばれるのも無駄ではないような気がしますが。

第三章　社長、それは違います！

私は節税のお手伝いはとことんやりますが、脱税に手を貸すことは、死んでもやりません。

第一項　敵は税務署ではない。税法である

すべての会社経営者は企業の発展、儲《もう》けることを望んで、日々仕事に励まれているとは思いますが、利益を出すことが会社を発展させる最短、最速の手段であるという事実をときに忘れる時間があります。その瞬間とは、多額な納税が急に発生したときです。

対策としては、前述しました月次決算表をできるだけ早く作成し、発生する可能性のある月毎の税金負担分をあらかじめ見込んでいれば、急な納税に腰を抜かすような事態はなくなります。

それにしても――税金はなんとかならないものか。あんたは税務署のまわしものか。私が顧問先企業の社長からこれまで一番多く聞かされた言葉がこのフレーズだっ

たような気がします。

「なんともなりません。たとえ悪法であっても法は法。日本で商売している以上は、日本の法律に従う義務があります」

私は判で押したようにそう答え、それから価値の下がったゴルフ会員権や株、損金扱いできるものはないか、生命保険の控除適用を忘れていないか、などなど、節税について社長と知恵をしぼります。

それにしても――と私も思いますが、私たち（全法連。㈶全国法人会総連合税制委員会）も手をこまねいているわけではないのです。私たちは私たちにできる努力を積み重ね、国民全員が納得できる税制づくりを国に求めているのです。

私の手元に「わくわくＷＯＲＫＳ」という、パンフレットと小冊子を足して２で割ったような、事務所が顧客に配布する『事務所通信』があります。その平成11年９月20日号に私たちの行動、そして私の税に対する思いを巻頭に書いておりますので転載します。

「7月15日正午から、新築して真新しい東京四谷にある全法連会館で行なわれた税制委員会に出席した。初めての出席だったので静観しようと思っていたが、県を代表しての出席と思いなおし、全法連の要望書の、表面にはあらわれない税法への憤りを口にする県法連委員たちの緊迫したムードを参考のために伝えさせてもらった。

ここでは、平成12年度税制改正案への期待と私の税にたいする考え方をのべたいと思います。

平成11年度は法人税の実効税率が46・36％から40・87％に引き下げられ、また個人所得税の最高税率が、50％から37％に引き下げられ大幅な改正となった。

これらのことは活力ある社会をつくるうえで重要なことであり、私たちの念願がはたされた画期的な年となった。

しかし、将来を展望してみれば失業者問題、少子高齢化の進展、グローバリゼーションのわが国経済への影響など、財政懸念は山積しています。財政構造を立て直すためにも、さらなる構造改革が不可欠であり、今後の税制改革への期待はより大きくなると考えます。

まず法人税における『課税ベース拡大措置』の撤廃を要望したい。法人税の引き下げも、この課税ベース拡大措置が足を引っ張って、当初の目的である『企業の活力を生み出す』という効果がでていない。この措置は税法と企業会計や商法との連動感を乖離《かいり》させ、社会構成の一翼をになうはずの企業経営が、会社経営のためだけの経営の方向へ進む可能性があると私は考えています。

また、現在を産業構造変革期に見たてれば、ベンチャー企業など新規産業が育ちやすい環境を税制、金融が一体となってつくるべきだと考えます。

所得税については、課税最低限や累進課税構造の見直しをするべきだと考えます。租税は国家運営のための国民の義務であり、低所得者層も低税率で一様に負担すべきだと思います。消費税については現在の消費低迷、消費者意識に思いをはせれば、据え置くのがベストだと思われる。

以上のようなことは、国の財源しだいとなるだろうが、歳入増加に期待がもてない現在では、財政とあわせて行政改革を積極的におこない、歳出面の大幅削減をはからねばならないことは自明の理である。租税法律主義は財政民主主義と相通ずるものであり、財政の大原則『入るを計りて出るを制す』を徹底しなければならない」

ここでは「わくわくWORKS」に書いた私の文章の中味うんぬんより、私も税制への不満を持っているということだけわかってもらえれば幸いです。

その上で、私も法で定められた国民の義務、税金を払っているし、社長たちが嫌いな税務署の人たちも、ちゃんと払っているのです。と社長さんに何度も説明するのですが。

それにしても——。納得してもらえないタイプの社長は、自分の力だけで企業をたちあげた創業経営者に多いような気がします。皆さん義理と人情に厚く、頑張り屋で仕事熱心な方です。

そこで私は納税義務違反、脱税は法に背《そむ》く犯罪であることを説きます。

① 高い付帯税

脱税とは納税義務者が、偽り、その他不正行為により、税を逃れた場合にいうのですが、この場合、各種のペナルティ（付帯税）が課せられます。

まず、所得の申告期限内に申告書を提出しなかったペナルティとして、税額の15％、また仮装隠蔽《いんぺい》の不正手段があるときは、付帯税は35％にはねあがります。

② 実刑率は年々上昇

脱法の法定刑としては、5年以下の懲役、もしくは五百万円以下の罰金。ただし、脱税額が五百万円を超えるときは、そのまぬがれた税額相当金額以下となります。

実際の裁判では「脱税額」「脱税率」「脱税手段」「脱税動機」「脱税資金の使途」「証拠隠滅工作」「前科、前歴」等々を考慮して刑が決定します。実刑判決が言い渡される率は年々上昇。脱税額が三千万円以上、一億円未満でも実刑となった例がありです。脱税額が五億円以上となれば、どうやら実刑はまぬがれないようです。

③ おおっぴらに使えぬ脱税資金

脱税した場合、免れた税額自体＋延滞税＋重加算税＋懲役刑＋罰金刑＋地方税となります。

次ページの《例》にあるように、20億円の脱税が発覚、摘発されるということは、手元に1億4百万円しか残らないことになります。しかも、この1億4百万円から裁判費用、高い弁護士料金も払わなければなりませんし、刑が確定するまでは、仕事ができないのは当然です。また、脱税した20億円をどこで稼いだのか、関係者は全員脱税した人間と同じように取り調べられます。

人間関係崩壊のはじまりです。

《例》

※ごまかし所得20億円の場合

国　税	本税	10億円
	重加算税	3億5千万円
	延滞税 (13ヵ月分として)	1億4千6百万円
地方税	市町村民税	1億1千万円
	都道府県民税	4千万円

罰金	2億5千万円
合計	18億9千6百万円

このように帳じりがまったく合わないだけでなく、脱税した資金は表に出して使えないこと、脱税の発覚をいつも心配しなければならないこと等々考えると、何とも割にあわない行為です。

なにより懲役です。

「どうやら社長ォ～尻の穴まで調べられるそうですよ」

「真冬でも裸足《はだし》で、全員足並み揃えて行動するらしいですよ」

「名前ではなくて、番号でしか呼ばれないみたいですよ」

すると社長はそろそろ「う～ん」と天を仰ぎますが、流れとしては、「税務署員が気にくわん。生意気だ」と続きます。

断っておきますが、この税務署嫌い社長は実在の人物ではありません。私に、税金はなんとかならないものか、税務署のまわしものかと、半分本気、半分冗談の口調で問いかけたいくたの社長さんの心情を代弁するバーチャル社長と私の仮想会話です。

近所を見まわしても、税務署や国税局に好意を持っている社長はいません。これが部下と社長の関係ならおたがいが数歩ずつ歩みよれば、良好な人間関係がはじまる可能性もあります。

交通違反をおこした一般人と、それを取り締まる警察官の関係にしても、一般人が違反をおこさなければ警察官と関《かか》わることはありません。

しかし、事業主であるバーチャル社長は、年に一回必ず、天の川の牽牛《けんぎゅう》星と織女星ではありませんが、税務署と邂逅《かいこう》してしまうのです。そして社長が稼いだ金を、それがたとえ借金返済予定の金であっても、娘さんの結婚資金であっても、徴収優先順位第一位で、いやおうなしです。

かといって、社長よりは税務署を訪れる機会の多い私にしてみれば、ただ業務を遂行しているだけの税務署員の気持ちもわかります。まるで殴り込みでもするかのように、血相変えて怒鳴り込んでくる人もいれば、いきなりテーブルに足を投げ出して、一般署員を「オイ」「コラ」呼ばわりする人も、最近は少なくなったとはいえ、やはりいるそうです。私自身、そういう人たちに健気《けなげ》に立ちむかっている若い女性署員を見かけたことがあります。

バーチャル社長が納得できるような税制がしかれるまで、社長と税務署の関係は、いわゆる天敵であってもいたしかたないのかもしれません。

社長と税務署の間で、私は、だからこそ節税をすすめるのです。そして、社長との会話の最後に吐《は》くセリフはきっとこのセリフのはずです。

「社長、それほど税金が嫌なら従業員に特別ボーナス出しましょう。みんな感謝していままで以上にはたらきますよ」と。

第二項　いまこそ、社長の想像力が問われる

最近よくきく言葉に『危機管理能力』と並んで『最悪の事態への想像力』という言葉があります。

私の記憶が確かであれば、最悪の事態への想像力という言葉は、アメリカ資本主義発達期の代表的企業家、A・カーネギー（1835～1919）の人生訓ではなかったかと思います。A・カーネギーは事業拡大のときは常に、予想される最悪の事態をシミュレートしてみて「自分の命が残れば冒険する価値がある。やり直しができるもの」と挑戦、アメリカ企業史に残る伝説的鉄鋼王となった人です。

最悪の事態を想定することは、現実を悲観的に展望すればできます。しかし、一般的な社長が、おこりうる最悪の事態を予想すれば、事態を回避しようとして守りの経

営に入るのが普通です。この低成長、大競争時代に企業を維持させようとすれば、それが最善の策であるともいえます。

しかし、なかにはピンチこそチャンスであると考える社長もいます。彼ら社長が、はたして最悪の事態からどう脱却するかのイメージまで描いているかどうかはわかりませんが、彼ら社長から、私が受ける外見的印象は「腹をくくった経営姿勢」です。やぶれかぶれ経営との違いは、企業、従業員の将来を見据えた言動の持ち主であるかどうかで判別できます。

腹をくくった経営姿勢は、ある種の風格を社長にもたらします。その風格が従業員に安心感をもたらし、安心感は業務への集中力をたかめます。

社長の経営姿勢に「腹をくくる」心構えをあたえたものはなんであったのか、と私なりに推測すれば、年齢の高い創業経営者には、「過去に体験、切り抜けた修羅場《しゅらば》の数」つまり、予想される事態への免疫力にあるような気がします。

また、若い経営者では、その社長を薫陶《くんとう》した人物が彼にもたらした影響、あるいは経営者セミナーなどで訓練した最悪の事態への対応力をたかめる学習体験などを見受けます。

社長が想定する最悪の事態とは、銀行の締めつけや不況がもたらす企業業績の悪化、倒産危機だとわかっていますが、低成長、大競争を企業につきつけた時流、時流のなかで自然発生した不況がもたらす倒産危機などの根本的解決法は企業自身、社長が対応することであり、私には「最悪の事態からどう脱却するかの方法論をイメージの中でいく度も構築し、また違う方法を考えてみる、習慣をつける」ことが事態を回避するヒントになることもある、としかいえません。

次のエピソードは高度成長期のものです。したがって、このエピソードが現在の企業が当面している事態からの脱却法のヒントになるかどうかわかりませんが、社長の想像力がいかに企業運営に必要なファクターであるか、ということを象徴的にあらわしたエピソードだと考えますので紹介します。

〔頑固社長の大誤算とは〕

ある有限建設会社が、株式会社になったのを機に社名変更をした。A建設が、株式会社A総合建設になったのです。

社長は腕のいい大工からの叩《たた》きあげで、部下を社員としてより、弟子と扱い、平気で怒鳴りつける人でした。口癖は「俺《おれ》の若い頃は」で、過酷な労働と薄給を社員に押しつけていた。それでも社員たちは、社長の大工としての腕に惚《ほ》れこんでいたらしく、黙々と働き、同業他社の経営者をうらやましがらせていたのでした。

それが株式会社組織になって、事務所の事務員の数が増えたとたんに社長は現場に出なくなったのです。社員にすれば、社長の技術を盗む機会を失い、労働と薄給だけが残った格好です。従業員に不満がくすぶりはじめます。だが社長は、彼らの言い分をいっさい聞き入れなかった、と聞いています。

不満が猖獗《しょうけつ》をきわめていたころ、完成引き渡しどき現金払いの約束で着工した邸が二軒同時に施主への引き渡しをむかえました。

集金を担当したのは勤続15年の№2と勤続8年の№3だったのですが、二人は株式会社A総合建設のではなく、事務所のあちこちにころがっていたA建設の領収書で集金したのです。

そして、蒸発。中学を出てすぐに勤めに出た二人は独身でした。

施主はA総合建設に支払ったと思い込んだし、社長は№2と№3が一緒に持ち逃げを決意するほど思いつめていたとは想像もしていませんでした。

発覚が当然遅れます。遅れた間に、二人は完全に足跡を消していました。

社長が徒弟制度気分で雇用した№2と№3でした。身元保証書の類は取り交わしていなかったので誰に損害を請求しようもありません。損金あつかいにして節税で補塡《ほてん》できるほどの売り上げもありません。

社長は銀行や親戚からの借金で急場をしのぎ、倒産の危機だけは回避したのですが。

この話を聞いたとき、私はこう考えました。

もし社長が№2を後継者として教育し、その意見を取り入れていたら。もし社長が集金当日、地元社長会の親睦旅行を蹴って自ら集金に行っていたら。

なくした金と後悔はタラレバでは取り戻せません。A建設の業績を支えてきたのは職人肌の社長が最後まで責任を持つ信用でした。最後の仕事が集金ならば、それは親睦旅行よりはるかに大事な仕事だったはずです。集金とは仕事への評価、満足、不満足、客の本音を襟《えり》を正して聞ける、めったにない仕事の場だったはずです。

前述しましたように、人間はよきにつけ、悪しきにつけ、ことを起こす前に必ずサインを出すものです。

頑固社長がNo.2とNo.3が発したはずのサインに、ほんの少し想像力をめぐらせていれば、ここでは思いやりかもしれませんが、このような事態は起こらなかったはずです。

「最悪の事態からどう脱却するかの想像力」は理論的な裏付けがあるわけではありませんが、ふと湧《わ》いた疑問に興味をむけてはたらかせる小さな想像力訓練を繰り返し、それに専門的な知識を織りこめば、大きな展望につながるのではないかと、ある人を思い浮かべながら考えています。

ある人とは、私の顧問企業に勤める経理係長のS氏35歳。部下は2名で好奇心旺盛な人です。

S氏が、ふと抱いた疑問へむけた想像力により、会社の収益動向予測を高い確率で的中させるほどのスペシャリストになったのは、こんなエピソードが発端であったと聞きました。

いつも12時きっかりに昼食のために外に出る新人部下が、仕事がたまっているはずでもないのに、なぜか今日は出ていかない。かといって弁当を用意している様子もないし、誰かと電話で打ち合わせした気配もない。なぜ、と思ったS氏は、考えられる理由を反射的にメモに書いたのだそうです。

① 腹具合がおかしい。
② おやつでも食べた。
③ 午後からの外回りの時に食べる予定。
④ ダイエットを始めたとは聞いていない。
⑤ 昼食をとる金がない。

この場合、S氏の想像を導く基本データーは、一般常識と、S氏と部下が共有する空間、社内における部下の人間相関関係、給料日などの共有情報、そして、部下が入社以来、S氏が彼とのつき合いで得た彼の個人情報、生い立ち、学歴、人格、金銭感覚、家族構成、趣味、日常生活風景、業務態度、昼食に出ないことにつながる過去の彼との会話、その時の顔色、雰囲気、などでしょうか、それにS氏の知恵と勘がくわわります。

S氏は、5つの推測をひとつにしぼるために考えます。推理、大きくとらえれば想像を働かせるということです。

そしてS氏は、関係がありそうなデーターを思いうかべました。それは今日が給料日の前日であるという部下との共有情報と、昼食に出ないことにつながりそうな過去の彼との会話でした。

たしか部下は、入社した月の給料日前に、

「金がないから今日の昼はパン一個です」と笑っていました。

そこで上司は、反射的に思いうかべた5つの可能性から⑤昼食をとる金がない、と結果を推測して部下に声をかけます。

部下の答えは、

「大食いに賞金が出る焼肉屋に、高校時代の仲間たちと挑戦する。それに備えて」

というものでした。

S氏の推測は外れたのですが、ふと感じた疑問を書きだし、口にして結果を得たことで、S氏の部下への基本データーには「友人関係」という新たな項目が入り、可能性として推測する結果に「夜に備えて抜く昼食もある」という新たな知識が入ります。

S氏は反射的に考えた理由から結果を推測する際に、より信憑《しんぴょう》性をたかめる情報を増やしたということです。

「なぜだろう」と疑問を感じることが想像力の源、そして、想像力教育の重要性は、幼児教育でいわれることですが、本当に、想像力そして想像した事態への対処シミュレーションが必要なのは、賃金カットやリストラなど、日本で一番危機に立たされる可能性が高い中高年サラリーマン、そして企業の社長ではないかと思います。

ただし、データーの少ない人間への想像は、たんなる思い込み。データーのまったくない人間への想像は、個人の性格によるものがほとんどで、悪意で人を見る人間は、悪い結果しか想像しませんし、善意で人を見る人間は、よい結果を想像するようです。

話をもどします。

「夜に備えて抜く昼食もある」ことを知ったS氏の部下を相手にした想像力向上訓練――単なる好奇心ですとS氏はいうのですが――は、相手を上司、取引先へと範囲を広げ、やがて「キャーッ！　なんでそんなに私のことがわかるんですかァ～！」と、若い女性たちを驚かせる街角の占い師なみの観察力と分析力、そして説得力ある話し方を身につけたといいます。

S氏の人間を相手にした想像力に、知的好奇心がくわわったのはすぐ後のことでした。

「人間には予測不能な感情があります。私の推測があたっているはずなのに、お互いの立場などで、逆に怒られることもある。ところが気象観測や経済動向予測は、商売にしているわけではありませんので外れても怒られません」

彼は、勤める会社の過去の売り上げデーターを分析、同時進行で新聞の経済欄や経済誌、専門誌を読みあさり、独学で、会社、地域同業者の翌年の収益予測をたてられるようになったといいます。

彼の話では「75％の確率で予測は的中します」ということですが、少し話を割り引かせてもらって、適中率を50％とさせてもらいます。

それでも50％の確率で翌年の会社の収益動向が予測できるなら、不景気にただ首をすくめて、なにも手を打たない企業より、最悪の事態を回避できる想像力、つまり、打つ手は2倍あることになると私は考えます。

残念なことに、S氏の勤める会社では、私が高く評価している彼の「収益動向予測書」の活用方法が、まだよく理解できていないようで、「明日の1万より今日の百円」「来年のことをいったら鬼が笑うぞ」と怒られる日々を送っているそうです。

どこの会社、団体、地域にもS氏に似た人物は多数います。

結果を知ったあとで「なあ、だから俺はそう思っていたんだよ」「ちゃんとこうなることを予想していたんだ」そういう人たちです。彼らの言葉どおり、それが将来起こりうる事態を的中させたものであったとしても、それはたまたま当たった予言のたぐいで、話した相手を説得するデーターも、動向予測書などの証拠がないものが大部分であったと私は考えています。そこがS氏との違いです。

もし、将来を見通していた人間が本当に多数いて、事態から回避するよう声をあげていれば、21世紀になっても日本はバブルの後遺症に悩まされることはありませんでした。不況で企業が苦しむことはありませんでした。

また、あちこちの地方商業都市で見られる、目先の「客」をなくすことにおびえる島国根性で大店舗の進出をこばんだばかりに、結局購買客の「流れ」がかわってしまい、繁栄しているのは追い払ったつもりの大店舗のまわりだけ。

客を守ったつもりの商店街はドーナッツ現象の真ん中で、シャッターを下ろしている店ばかりの『元繁栄商店街』を、日本中で見受けるようなことはなかったと思うのです。

最悪の事態からの脱却法を想定する想像力が、あの時代の企業幹部や地域商業団体上層部にあれば、と、私はときどき虚《むな》しさにおそわれるのですが、これからは――。

※もし、バブルの結果や地方経済の疲弊状況を予測され、その証拠をお持ちの方がいらっしゃればご容赦《ようしゃ》ください。

少し肩に力が入りすぎたようです。

もっと身近なところで考えてみましょう。

例えば、不衛生を指摘されつつ集団食中毒を起こして営業停止になった給食センター。運転手に過酷な労働を押しつけた末の事故がもとで、経営危機に陥った運送業者なども厳密にいえば最悪の事態への想像力が欠如していたといえますが、私にすれば、

「まずい、こんなこと続けていればいつか大事故が起こる」

と多数の従業員が一度ならず予感して、結局予感どおりの事故をまねくのは、最悪の事態というより、管理者側の注意力不足が引き起こした人為的事故であるような気がします。

機構変化、購買者の意識変化など、予測不可能な時流がもたらした構造不況を大きな最悪の事態だとすれば、ただの注意力不足がまねいた人為的事故は（雪印事件、日航機ニアミス事故など）小さな最悪の事態といえましょう。それでも企業にとってのダメージは、はかりしれないものがあったはずです。

起こりうる大事故を一人ひとりは予感していたはずなのに、それでも起こってしまう事故の不思議さは、1対29対300の確率を経験則から導《みちび》き出したハインリッヒの法則を適用すれば、わかりやすく理解できるような気がします。

ハインリッヒの法則とは、ひとつの重大事故の前には29回の軽い事故があり、それ以前に末端の人たちは300回ドキリとした経験、つまり、300回のドキリが29回の軽い事故につながり、1回の大事故となって顕在化するという災害のピラミッド・パターンを数値化したものです。

この法則は健全企業、理想運営を目指す企業には、適用できないような気がします。

連帯感あるヒエラルキーを確立した企業では、末端の社員が300回もドキリを経験すれば、その報告を受けた中間管理職はドキリの原因を排除するはずですし、それでも運悪く、29回の軽い事故が起こってしまえば、今度は管理職、あるいは社長が全社的な注意力向上、事故回避を指示するはずです。

３００回のドキリを放置、29回の軽い事故から企業の屋台骨をゆるがす大事故につながるというハインリッヒの法則は、社長、幹部、中間管理職、社員、上下の意志疎通を欠く問題企業が留意しなければならない法則だと私は考えています。

第三項　「起業5年以内の企業倒産率が70％以上」の時代に必要な社長の能力

まず中小企業社長に必要な能力とはなにか、を思いつくままに列記します。はたして書ききれるかどうか。

〔部下を誉める人〕〔部下を叱《しか》る人〕

〔豪快に金を遣うことができる人〕〔吝嗇《りんしょく》家〕〔部下を育てようとする人〕〔部下を厳しく管理する人〕

〔人格、教養ある人〕〔人格、教養はそうでもないが、会社を運営する知恵のある人〕

〔ときに強烈なリーダーシップをとるが、基本的には民主的である人〕〔なにがなんでも自己中心、力ずくな人〕

私が社長にあるべきだと思う能力を先に書いたのですが、その反語もまた社長には必要な能力ではないかと時に考えます。

ここで思い出していただきたいのは、冒頭で書きました「企業の規模は社長の器量よりは大きくならない」の一文です。

器量とは人格だと、ここでは定義します。

すると、反語で書いた、叱る人、ケチ、部下を厳しく管理する人、人格と教養はそうでもないが知恵ある人、なにがなんでも自己中心、力ずくな人、人格構成素質が少ない人が経営する会社は、大きくならない会社ということになります。

「よけいなお世話だ。会社は小さくても堅実にやっていれば満足だ」

そういう社長も多いものです。

反対に人格構成素質はあまりないように見受けられるのに、会社を大きくしたい希望の強い社長もいます。多くの場合、そのような会社は長続きしませんが。

では、規模の拡大をはかる、はからないは別にして、企業をしっかりと運営していく能力、秘訣《ひけつ》はなんだろうと私なりに考えましたところ、黒字をつくる社長さんたちにある共通したものを感じます。

それは簡単なことですが「自分の型」をまげない信念です。型とは、相撲でいえば、右上手をとれば絶対に負けない。柔道でいえば、奥襟《おくえり》を握れば必ず投げ飛ばす、の型のようなものです。

ある社長は、連鎖倒産の危機を省《かえり》みず、いくつかの企業と株を持ち合い、あくまで関係性の強い企業との取り引きを中心に運営を続けていますし、またバブル期に欲をかかず、持ち前の吝嗇性で火の粉をかぶらなかった社長のケチ精神は、不況の現在を堪える経済基盤となって会社を支えています。

ある、なにがなんでも自己中心、力ずく社長の工事会社は、その強引とも思える方法で堅調な業績を維持しています。

これが自分の型にこだわった経営スタイルというものだと思います。

先の見えない不況がいつまで続くものかと展望すれば、暗澹《あんたん》たる気持ちになります。

ですが、いつか景気は回復する。回復するまで、他人、他社からどう思われようと自分の型にこだわって運営を続ける姿勢も大事なことだと思います。長い年月堪えれば堪えるほど、企業には維持した年月に比例する信用がつきます。人格を磨き、企業を拡大させるのは、それからでも遅くないのかもしれません。

見方をかえれば、社長に必要な能力とは、金を稼ぐための知恵ではないかと思います。

では、資質とはなんでしょうか。辞書によれば『生まれつきの（よい）素質』とあります。（よい）を取り払えば、社内教育ではとりのぞけない類の残忍性などは、（悪い）素質だといえます。

よい素質だと考えれば、社長教育では取り除く必要のない、いや、あったほうがよい素質だとなります。

社長に必要な能力は無数にあります。が、社長に必要な資質＝素質はそう多いものではありません。

その第一位が、私は「厳しく、なにがあってもゆるがない金銭感覚の持ち主」だと思います。

「入りを計りて出《いず》るを制す」

収入に見合った支出であれば、なにも問題はないはずなのに、悪銭身につかずの例えどおり、予想外の収入や「もっと、もっと」を目論《もくろ》む欲は、人間の金銭感覚を麻痺《まひ》させてしまいます。

いったん調整能力をなくした金銭感覚は、なかなかもとに戻らないものです。バブルの猖獗《しょうけつ》と霧消、それに踊らされた人々にその典型的パターンを見ることができるのではないでしょうか。

「金を遣うことは麻薬にも似た快感をともなう」

麻痺した金銭感覚を修正した数少ないタイプである、友人の作家はこういいます。

起業5年以内の倒産率は70％以上であると書きました。データーが少し前のものですので、現在は80％くらいまで伸びているかもしれません。その大多数が放漫経営、社長の金銭感覚にあると私は考えています。

金は金であっても、企業、会社、の資金は金ではないのです。ただの数字なのです。

組織は人体と同じであると前述しましたが、会社の資金とは、組織に酸素を運ぶ血流なのです。血流が給料、賞与となって、自分の口座に振り込まれたときに、はじめて自分の金になるのです。

それは給料を受け取る立場の社員にはわかる感覚だと思うのですが、社長の中には理解はできても、なかなか実践できない人を見かけます。それが起業5年以内に会社を倒産させるタイプの社長です。

細かな支払いが、いきなり社長のポケットから出てきたり、集金した現金が帳簿を素通りして、支払いにまわったりする状況を企業における「どんぶり勘定」といいますが、そのような企業では経理状況を把握しているのは、社長ひとり。つまるところ、第一章第五項（50ページ）で紹介したエピソードのように、従業員は倒産するまで自社の経営危機を知らなかったというケースも多いものです。

経営者の第一条件は金銭感覚の厳しい人です。社長であっても、血流が給料となって自分に入ったときに専有物となります。5年以内に企業を倒産させる社長は、金と数字の違いを認識していない人が多いようです。

私自身が、社長にかわって税務署に提出する書類を作成していた頃、（現在では私と同じ資格を持つスタッフの仕事です）こんなことがありました。

相手は会社をたちあげたばかりの若い社長です。交際費として計上された金額と領収書の金額はピタリと合う。ただし、売り上げ総額の50％近い交際費の内訳は、クラブ、スナックなどの飲食費とゴルフ場の領収書でした。

「これは交際費です」

あっけらかんと宣言されても、私には打つ手がありません。

交際費は事業規模によって決められた枠があって、それ以上のものは個人負担となることさえしらない若い社長を前に、資本金と書類さえ整えば、誰でも会社を発足させることのできる安易さに漠とした不安を覚えたものです。

資本、回転資金が金ではなく、数字にしかすぎないことを「交際費です」社長に説明しながら、発足は簡単、だけど維持、継続することの困難な経営というものの厳しさがこの若い社長に理解できるかしらと、私の不安はいつしか絶望にかわったものでした。

案の定というべきでしょうか、「交際費です」社長の会社はいつの間にか消えました。

私は企業におけるどんぶり勘定の怖さを、それ以来、こう説明しています。

「企業におけるどんぶり勘定とは、人体のアチコチから出血したり、そこいら中で輸血される状態と同じで、その習慣になれるということは、いつの間にか汚れた血を輸血されたり、思わぬ個所からの出血に気づかず、手遅れになって致命傷につながります」と。

世の中には、数はきわめて少ないのですが、社長の肩書きだけが欲しいために会社を起こし、経営者になったとしか思えない人もいるものです。

理念の項でお話ししましたように、会社とは、社長の自己満足だけで継続できるものではありません。地域、銀行、利害関係者、税務署、関係するすべての人、組織から認められなければ健全な発達はないのです。

起業5年以内の倒産率は70％以上。

統計数字とは、ある意味で不公平であるといえるのかもしれません。

なぜならば、開業前に地域の協力を得、銀行や税務署の賛同を受け、従業員に充分な教育をほどこし、万全の態勢で船出し、それでも消滅する企業と、肩書きが欲しいがために起業して、当然のごとく潰《つぶ》れる企業とが、同じ扱いだからです。

また、「あの会社が倒産した」という情報に「エッ？」と皆が意外な表情をする倒産の型に『辣腕《らつわん》営業部長の錯覚型倒産』があります。

これは、ピーターの法則ふうにいえば、有能な営業部長であっても社長の器であるとは限らない、ということでしょうか。

勤めていた会社のトップとそりがあわず、独立した役職者が陥《おちい》りやすい錯覚です。

確かに独立した役職者は、それまで勤めていた企業では重要な要《かなめ》、戦力だったのでしょう。でもそれは、勤めていた会社の看板の庇護《ひご》のもとでの評価であって、看板がなくなれば、多くの場合ただの人なのです。

独立に値《あたい》し、たちあげた企業に利益をもたらす人、と世間が認めるほどの人物ならば、独立以前にヘッド・ハンティングの声がかかるでしょうし、融資してくれる銀行がバックアップしてくれるはずです。

きつい言い方かもしれませんが、懇意にしていた銀行も取引先も、それまで勤めていた会社と取り引きしていたのであって、独立者と取り引きしていたのではありません。自分が勤めていた会社の屋台骨を支えていた自負は、100%うぬぼれである。独立開業とはゼロ、ただの人からの出発である。そう覚悟できれば『辣腕部長の錯覚』状態での危機は回避できると思います。

危機の原因は、主なもので3点あります。

① 事業計画、見通しの甘さ→勤めていた会社の顧客は独立者の顧客にあらず。歴史のある企業の信用は人間への信用をはるかに凌駕《りょうが》します。

② 資金計画がショートしやすい→会社とそりが合わず独立するタイプは、営業畑出身者が多い。実務管理面を軽視する傾向が見受けられます。儲かっているはずなのに金がない→安易な借り入れ→支払い不能の黒字倒産に陥りやすい。

③ 経営バランスが崩れやすい→前述したように、企業の健全発達とは経営資源をバランスよく育てることです。

独立者（新社長）の努力で、売り上げ（契約）は上がっても、その売り上げ（契約）を管理する部門も充実させねばなりません。管理、顧客への対応がずさんだと間違いなく信用失墜につながります。

独立型企業で永続的な経営状態を保っている企業を見ますと、ひとりで独立した企業より、複数の人たちが心を合わせて会社をたちあげた企業のほうが、長続きしている傾向が多いのに気づきます。

社長は営業畑出身であっても、№２は、経理、業務など実務畑出身が社長をサポートしている企業です。

第四項　キレなさい社長

キレなさい、とは過激すぎるかもしれません。言葉をかえて、信念に基づいた闘う姿勢、とでもいいたいのですが、それではやっぱり私の意図とは少し違うような気がします。

その姿勢に必要なものは、相手を完膚なきまでに叩き潰そうとする決意であり、その決意を相手にしらしめ、恐怖感を与える態度ですから、今風のキレる、ことに近い。ただ私たちは一般社会人、大人なのですから暴力を振るうことはできません。

そうすると、相手に自分がキレたと思わせる態度をとることが私の「キレなさい」の意図に近いものかもしれません。

もちろんこれは、話し合い、説得、議論、根まわし、あらゆる方策がつきたときの最終手段です。

そして「キレた」と思わせなければならない対象は、部下、税務署、銀行、取引先、隣近所の人たち、家族、暴走族、日常当事者と関わる可能性のある世間の人たち全員と仮定して話をおこします。

私が大学を卒業する直前になっても、まだ進路に迷っていたときに、高校時代の野球部OBだった有名会社社長と偶然に面会するチャンスを得ました。世間話の後、OB社長は私にこんな質問をしました。

「会社や社長、上司のやり方にもう辛抱《しんぼう》できない。辞めようと決意した。お前ならどうする？」

相手は雲の上の人です。私が答えに窮していると、OB社長は、次の中から返事を選べと、３つの答えを提示されました。

①　黙って辞める。

②　裏で悪口や自分の正当性をアピールしながら、とりあえず表面上はおとなしく辞める。

③ 机をひっくり返し、大暴れして上司をぶん殴って辞める。

私はあたりさわりがないと思われる①黙って辞めるを選択しました。するとOB社長は、それが普通だと大笑いしたあとで、「林田ァ〜、確率的にいえば大暴れする奴のほうが偉くなるもんだぞ」と言葉を残して面会は終わりました。

私には、OB社長の真意がそのときわかりませんでした。今思えば、自分の決意とか信念、誇りを相手にわからせるためには、ときに手段を選んではならないということをいいたかったのではなかったかと思います。

当時、私は21歳でした。私が今、21歳の若者に同じ質問をすれば、多分あの時のOB社長と同じ答えを求めるかもしれません。

では、質問の相手を31歳にかえたら、私はどういう答えを期待するでしょうか。多分、まだ③ではないかと思います。

理由は、彼はまだ若い、そこで人生の道をせばめてもまだやり直しができる。それに、自分に自信がつく。相手に背中をむけてなめられるよりはましだ、ぐらいのことを私はいうかもしれません。といっても、相手が31歳になれば、彼の人格、人間的な素養、知識、知恵のあるなし、相手を判断しながら期待する答えをかえるはずです。それに、31歳の彼のその後の人生が、その事件をきっかけにして暗いものになれば、彼はその後上司と喧嘩《けんか》するような真似は二度としなくなるでしょうし、牙と爪をなくした獅子のような人生を送るかもしれません。

あるいは、そのときつけた自信がもとで人生が明るいものになれば、多分彼も51歳になったときに、31歳の若い人に③を期待するかもしれません。

私には、人様の人生に、これが最良の道だといい切る自信はありません。

では、私が21歳の時にOB社長から受けた質問を51歳の自分に向けてみます。

私は、大きな鏡を自分の前に置いて、自分と向き合います。相手は自分が関わる可能性のある世間の人たち全部です。

設問の意味は、同義ではあっても今の私にふさわしいようにこうかえます。

「(自分が関わる可能性のある) 彼らのやり方にもう辛抱できない。林田俊一、お前ならどうする？」

答えは①～③基本的には同じとします。

まず、関わる可能性のある相手を暴走族ということにします。

私の場合、③大暴れして、ぶん殴るということはありません。集団となった若者たちの狂気の前に両手を広げて飛び出すような真似は、自分が守らねばならない人間たちへの義務を放棄する無責任だと考えるからです。

私の答えは①です。黙って背をむける、です。答えは①～③しかありません。しかし、確実にいえることは、黙って背をむけたままでは、心の中に彼らへのわだかまりと自分への後悔が残ります。

制度疲労の項で、怖いのは慣れだと書きましたが、人間も同じです。わだかまりや後悔を残したままいく度も同じ経験を重ねると怒りや反駁《はんばく》の感性を麻痺させる慣れが生じます。

前出させた友人の作家は人間の慣れは一種の防衛本能であるといいますが、彼の「防衛本能」論が適用できるのはきわめて狭い業界のことなので省きます。

そして私なら、私にできる範囲の活動、昼間暴走族一人ひとりのもとをたずね歩き、行為の愚かしさを説いて、脱退をすすめます。同時に警察へ取締強化を願います。自分にやれることをやれば、少なくとも私の心に後悔は残りません。

次の相手は税務署です。これも答えは①です。税務署が税法にのっとって私や中小企業を指導監督するようなら、私は従うしかありません。ただ、税務署員の態度が人を見下ろしたような、あまりに横暴なものであれば、税務署と税理士事務所の位置的立場より、人間対人間の感情が先立つこともあるでしょう。卑屈な姿勢も繰り返すと人間から誇りを奪います。そんな場合には、私は「キレる」と思います。これまで私が税務署で「キレた」ことがあるかどうかは、ご想像におまかせします。

取引先、銀行、が相手でも、やはり答えは①です。しかし、自分の心に恥じない筋は通させてもらいます。

最後が部下です。

私は「キレる」前の条件に、説得、話し合い、議論、根まわしをあげました。その結果の「部下のやり方が辛抱できません。林田俊一、お前ならどうする」と鏡の自分に問いかけています。答えは③です。机を引っくり返し、クビにします。

私は私の信条を守って行動しています。自分の信条を守って行動できる立場にあるから、そのような強がった行動がとれるのだと、いわれることはわかっています。反論させていただくなら、私は私の信条を守るための努力は惜しみません。日々修行だと考え、苦しいこと、嫌なことから取り組んでいます。

その結果として私の身についたものは「腹をくくった姿勢」だと自任しています。その腹をくくった態度は、私が尊敬するいくたの社長のように、踏み越えた修羅場がもたらしたものではありません。私は、そうありたいと願い、社長たちから必要な姿勢を学んできました。

日本経済、地域経済リーダーとしてふさわしい社長には、風格と圧倒的な存在感を感じるものです。これから自分もそうありたいと願い、今は「キレる」ことをふくめて、やれることをやっているだけなのです。

私には、組織運営に言及できるだけの知識と能力はあると思います。しかし、社長個人の生き方には口は出せません。せめて私がすすめたいのは、心の中にしまいこんでいる潜在意識を引き出すために、心理学者もちいている方法の応用。鏡と向かいあい、自分が今、なにをやりたいのか、会社をどうしたいのか、じっくりと自分自身と話し合われるのも改善策発見法の一つです――と。

やりたいことが明確になれば、あとは実行。腹をくってことにあたれば、案外なんとかなるものだと、私は経験で学びました。

私が手本にするのは、年長者の社長ばかりではありません。若い経営者の中にも腹のすわった、自分の型をつらぬく社長もいます。

これから紹介する、ある工事業界の若い社長もそのうちのひとりですが、紹介する前に、私の主な業務活動の場（他は福岡市や東京など）である筑豊《ちくほう》という土地、風土と歴史が育《はぐく》んだ精神的な土壌背景を説明していたほうが、工事業界社長を理解してもらいやすいと考えます。

筑豊とは、福岡県の地図でいえば、真ん中あたり。飯塚《いいづか》市、田川《たがわ》市、直方《のうがた》市の三市とそれらをとりまく郡部を総称する呼び名です。

古くは日本の基幹エネルギーだった石炭の大産出地帯であり、その頃の筑豊情景は『青春の門』（五木寛之著）に活写されています。

日本のエネルギーが石油へ切り替わるのと同時に衰退を始め、現在は少しずつ改善されていますが、生活保護の受給者世帯比率は日本一であると聞きおよんでいます。

住民気質は「川筋気質」といわれていたもので、これは江戸っ子の「宵越しの金は持たねえ」「ケンカっ早い」気《き》っ風《ぷ》のよさをあらわす気質に似ていましたが、人口の流出入、情報手段の多様化で東京から江戸っ子気質が失せたように、川筋気質も一部年長者が口にするだけで、全体的には、全国均一化傾向がすすんでいます。

気っ風のよさがすたれて、残ったのは、生活保護受給者世帯比率日本一という不名誉な称号ですが、これはある程度いたしかたないと私は考えています。

30数年前に、石炭に依存していた筑豊はエネルギー転換で大打撃を受けました。二度目が10余年前のバブル。二度の経済変動の直撃を受ければ、立ち直りも他地区より少し長い時間がかかってもしょうがないと思います。

現在、日本中の企業が遭遇している低成長、大競争の厳しさは、30数年前からすでに筑豊の企業に押し寄せていたのです。

いきおい、企業の生存競争は厳しいものがあります。

紹介する工事業界社長の能力は〔なにがなんでも自己中心・力ずく〕の型を守る経営方針です。性格は現在では稀少性を増した「川筋気質」そのもの。社員への面倒見がよくて、常に先頭に立ってはたらいています。社員は×人と少ないのですが、同業他社の売り上げと比較すればひとりあたりの売り上げは約2倍です。

「社員やら家族を守るためならきれいごとはいわれんとですよ。自分が取れる可能性がある仕事なら、他の業者ぶん殴ってでも取ります」

たしかに社長は、同業他社の恨みをかうようなキレかたを演じて、仕事を横取りしたこともあるそうです。私から見れば、彼の行動がときにあぶなっかしく思えるときもありますが、彼の会社は、社長が自分の型にこだわるかぎり、少しずつ成長すると思います。その成長する過程で彼の能力が〔なにがなんでも自己中心・力ずく〕から〔ときに強烈なリーダーシップを発揮するが、基本的には民主的〕に変われば、力ずく社長の中小企業は飛躍的に発展します。

第五項　問題社長・4つのタイプ

講演会、講習会でこまめにひろった聴衆の声や、東京や静岡など日本中で繰り返してきた、企業で働く人との面談。あるいは、働く人の意識調査を分析する様々な調査レポートを総合すると、働く人、部下から見る問題社長タイプは、大きくわけて4タイプにわかれるようです。

『自己満足型』

立身出世願望をはたして手に入れた社長の椅子に座ったとたんに、下が見えなくなるタイプ。上昇志向を打ち止めた満足感が自己認識、組織管理の甘さを生むと推測します。

『頑固型』

老舗《しにせ》の個人商店主型とでもいえばいいか、創業経営者に多いタイプで性格は頑固、わがまま。総合的には、このタイプの社長への不満が一番多いようです。

『真面目型』

日本の中小、零細企業に最も多いタイプで「ビジュアル的にいえば、映画フーテンの寅さんにでてくるタコ社長です」（東京板橋区会社員）。従業員の管理に悩み、金策に頭を悩ませ、日夜仕事を求めて東奔西走《とうほんせいそう》する真面目さや情けが、ときに果たすべき役割の優先順位を取り違えて、従業員の不満につながったものと私は思います。

私はこのタイプの社長が、日本経済を支えてきたのだと考えています。これまで培った信用を土台にして、野心や願望を具現化する戦略を勉強すれば、大化けの可能性もあると思いますが、ネックは年令です。

『勘違い型』

大都会に多いようです。二番煎《せん》じのベンチャー企業やインターネット関連の新興企業の若手社長に見られるタイプで、自分の才覚だけでゆくゆくは上場できると思い込んでいる人が多い。周りから認められなければ企業の健全発展はないという論理理解度に問題があるようです。

この他には「セクハラ社長」「子供染《じ》みた（マザコン含む）社長」「熱血鬼教師型」に分類できるものもありましたが、多数意見ではありませんのでとりあげません。

統計上、中小、零細企業従業員から、もっとも不満の多かった、年令の高い『頑固型』社長をとりあげ、対応策を考えてみます。

結論からいいますと、頑固型の社長は自分を変えようとは思わないはずですし、企業形態も変わりません。

長い年月でつくりあげてきた自身の性格、会社の形態は一朝一夕で変わるものではありません。少なくとも2～3年の時間をかけて改善すべきものです。

不満の持ち主が、自分の将来を案ずるならば、社長を変える、組織形態を変える努力をつくすより、頑固社長を早めに見切って、自分と合う職場を探すほうがはるかに少ないエネルギーですむ場合も多いものです。

71ページ「2対6対2の法則」の項で、企業に貢献できない人間は、「切る」意志も大事だといってきました。逆もまた真なりです。

それでも、という方がいれば、とりあえず社長を障害者施設などのボランティアに誘ってみたらどうでしょうか。むかし頑固社長が会社をたちあげ、けんめいに最前線で働いていた頃には、ボランティアという言葉への認識も、発想もなかったはずです。しかし今では、地域との、人間との絆《きずな》を深めるための意識向上策として多くの企業が取り入れています。

頑固社長の特徴である、部下の能力を過小評価するという考えは、もしかすると、部下と関わる環境を変えることで多少修正できるかもしれません。

若い社員たちは、多くの場合、社長が考えているより優秀なのですが、ボランティアの場で、社長が考えているよりはるかに臨機応変に動く姿や弱者に対する彼らの対応を社長に見せることで、社長の部下への認識も変わるかもしれません。

もっともこれは、社長をボランティア活動に連れ出すことに成功したらの話ですが。

私が集めた声や調査レポートを整理していますと、正直にいって、私の脳裏にも思い浮かぶ人がいます。思い浮かべた人にむかって、私自身が語りかける口調で書けば、リアルな社長とのやりとりが再現できるかとも思うのですが、それは私が個人で問題社長と話すことであって、また、経営コンサルタント、税理士の守秘義務に反することにもなります。

そこでこの項では、私がこれまで講演会で喋《しゃべ》った内容、あるいは朝の散歩中に書きとめたメモの中から、問題企業社長の会社運営法のヒントになるのではないかと、私が考えている部分を抜き出して、アトランダム・ストレートに書いてみます。説明はいらないと思います。

内容は、健全企業、もしくは私が尊敬するような社長が経営されている会社では、すでに排除、あるいは取り組まれているか、取り組みを検討されているようなことばかりです。

また、これまで書いてきたことの繰り返し項目もあります。

『危ない企業の割合は、危ない社長の数に比例する。危ない企業の改善は、まず社長自身からということだ』

『社長が社長という立場の旨味《うまみ》になれたとき、上級幹部は必ず保身に走る。保身とは排他的になることである。会社にとって有益な人材を追放するというような愚挙も、もとをたどれば幹部たちの保身が根にある場合が多い。幹部の保身行動を修正できるのは社長しかいない。組織が新陳代謝を否定して活性が低下するのが制度疲労である。制度疲労下では、確実に社員のやる気は失せる』

『問題企業側の社長が、長期にわたり運営の舵《かじ》をとれば「活性低下」「制度疲労」「業績悪化」をもたらすことは多くの企業倒産劇が証明している。にもかかわらず、それらの企業トップの多くが自ら頂点にたつ組織を「問題企業」だと認識していない点こそ最大の問題点なのである』

『社長には社長の仕事がある（三つの意志と決断）。社長の仕事とは、社長が社長になる前に培った、管理術や実務力、技術といった能力を社長という立場で発揮することではなく、組織を統率するリーダーとしての総合力を発揮することである。

ひらたくいえば、社長の現場への口出しは、生産性を高める功より、部下、組織のやる気をそぐ罪の方が多い。たびかさなれば、部下は嫌気がさして、辞めるか、ただのイエスマンになる』

『部下を育てようとする意志のない社長の言動はえてして、部下にマイナスの影響力を与えることになる。言動をプラスにかえるには、その社長が人格を身につけて、影響力、指導力を勉強すべき』

『社内秩序は、社員一人ひとりの自由を尊重しながら保たれるのが理想である。しかし、その自由尊重は、組織の決めごとという枠の中での自由であって、一人ひとりが気ままに時間を過ごすという意味ではない。そこに組織管理の難しさがある。

社長が無頓着であれば、管理職のサジ加減ひとつで組織は軍国時代の日本、文革時代の中国、一人ひとりが貝にならねば生きのびられない社風を構築することもあれば、まるで無秩序な集団になるときもある。

自由な雰囲気を優先するのか、ガチガチの管理体制が必要なのか企業によって求める形は違うだろうが、自社のイメージをそこなわない決めごと、社内秩序の枠決めは、社長自らが確固としたグランドプランを作って管理職に伝え、実行されているかどうかを確認すれば、組織の方向性は自然と決定する』

『社長の義務のひとつに言葉力を磨くことがある。一般社員と接する時間が短いから当然といえば当然だが、賞賛にせよ、叱責《しっせき》にせよ、社員の心に残る言葉をかけなければならない』

『社長に社長の仕事があるように、部長には部長の、係長には係長の仕事がある。役割分担、ヒエラルキーを確立せねば、組織はいつの日か崩壊する』

『金城湯池《きんじょうとうち》の象徴だった銀行、大企業が次々に破綻《はたん》し、寄らば大樹の陰、親方日の丸といった言葉を死語化したサラリーマンの危機意識は、自分にとって有利、不利なものを見分ける彼らの選別眼を確かにした。

おそらく現代のサラリーマンが、社長の資質を問わなかった時代に大挙してタイムスリップすれば、彼らのうち優秀な何割かは社長に愛想をつかしてさっさと転職したはずである』

『装備も戦力も同じ軍隊が戦えば、勝敗は大将の指導力で決まる。大将の能力次第では100の軍勢が10倍の軍勢を打ち負かすこともできればその逆もある』

『社長の主な任務は、

①事業のすすむべき方向や方針を樹立する。
②利益確保の経営方針を明確にする。
③販売方針、生産方針、人事方針をたてる。これらを徹底する』

『日本人は、赤信号、皆で渡れば怖くない、式の「一斉」を行動規範にする。果たして、土日休みが企業にとって本当にふさわしいのか。土曜日、日曜日に働きたい人も多いのではないか。

この人あまりの時代に、土日が休みでないと従業員が集まらないという理由は通用しない』

『リストラや賃金ダウンを「流行」だからととらえていないか。安易なリストラや賃金カットは愛社精神の欠如を生む。まず社長自身が自らの報酬を返上し、続いて役員報酬を見直し、それから整理に取り組むべきである。

あるいは、比例カットをすすめる。下位の人間を5名カットするより上を1名カットするほうが経済的ではないか』

『自分を「畏敬の対象」と自己認識している社長は、次の点に留意していただきたい。厳しい管理、圧迫や従属を前提にした統制は社員に対社長防衛本能、ひらたくいえばゴマスリ体質と会社の発展に不可欠な社員たちの創造力や想像力、自由発想能力を潰すことになることも多いのである』

『無駄な会議が多い。まるで会議を上司の顔色伺《うかが》い、部下の隷属性確認の場だと勘違いしている人たちが多いようである』

『改善点が見つかれば、多少の犠牲を払ってでも改善に取り組まねばならない』

『努力せぬ人間は、企業形態が変わらぬほうが都合がいい』

第六項　一見、力のないような人に、名経営者が多いのはなぜ。社長にも必要な愛嬌とは

初めて訪問する企業の廊下で、何気なくすれ違った人物が、実は社長だと知ってハッとすることはよくあることです。

来客である私に、一般社員と同じように少し通路を譲って軽く会釈されるその姿は、まるで空間に溶けこんでいるような自然体であり、存在感をひけらかす気配など一切感じません。

今でこそ、多少人を見る眼がついた（自分ではそう思っています）私は、社長と管理職を見間違えるようなことはありませんが、ときに、壮麗たる管理職の中で、そこだけへこんだ雰囲気を醸《かも》している普通のおじさんタイプの名社長を見るたびに、誰が見ても社長席にいる人物を社長だと見抜ける人はいないだろうなと思ったりするので

す。

そのような名経営者を、タイプ別に3つのカテゴリーにわけると――。

① 資質的に物腰の柔らかさや謙虚さを身につけている社長。ひらたくいえば、育ちがよくて、幼い頃から社長帝王学を学んできたような、いわゆる血統書つきのタイプ。

② 企業の規模は関係なく、出世するたびにそのステージにふさわしい人格や人望を身につけた社長。保身優先の自己中心型に変貌する社長が多い中では、極めて稀有《けう》な聖人経営者タイプ。

③ 現在の姿からは想像できない凄絶な過去を持つ社長。一代で会社を大きくする創業経営者に多いタイプ。

私の関与企業で最も多いのは、筑豊という土地柄も関係しているのでしょうか、③番です。

そして①~③の名経営者から、私が受ける共通印象を探せば、間違いなく、ときお見かける屈託のない笑顔、失礼な言葉かもしれませんが、男は愛嬌《あいきょう》です。女は度胸、女は愛嬌の愛嬌です。

ここでは、「現在の姿からは想像できない凄絶な過去を持つ社長」がなぜ名経営者になりえたのかを私なりに推測して、経営力アップに生かせるヒントを探したいと思います。あらかじめことわっておくのは、筑豊→青春の門→凄絶という言葉から、名経営者を『斬った張ったの、暴れん坊』だったような人物だと連想された方もおられるのではないかと推察しますが、それは間違いです。

私のいう凄絶とは、命にかかわる大病、あるいは明日食べる米もないドン底生活という意味です。

人間をここだけのくくりで二種類にわければ、挫折から立ち直る人と立ち直れない人がいます。

一人では無理だと思えるような事態からでも、まわりの力添えで立ち直ることは多いものです。まわりの力添えを得られるかどうかが、その人の持っている『運』だと思うのですが、運を逃《のが》す、立ち直れない人には、私が見るかぎり、他人の幸福を素直に喜ばないねたみ性や強い自己愛傾向、また、世の中の中心は自分で、スポットライトを常にあびていなければ気がすまない劇場型人間性を見受けます。

一方、『運』を引きよせ、重病やドン底生活から甦《よみがえ》る人には、明るさ、人の幸福を素直に喜び、それを表現する笑顔、謙虚さなどを感じます。それが愛嬌ではないでしょうか。

その愛嬌がまわりの力添え、『運』を引きよせ、立ち直るきっかけになるのではないか、私はそう考えています。

明るいだけの「お調子者」との違いは、人の幸福を素直に喜び、それを表現する笑顔、謙虚さがあるかどうかです。たとえ、お調子者がそれをとりつくろったにせよ、底の浅いメッキはすぐにはがれてしまいます。

そして立ち直った人物には、愛嬌にくわえて、今度は危機を乗り切った人間だけが持ちうる独特の雰囲気が漂《ただよ》うものです。雰囲気を具体的な二、三の言葉にすれば、

①過去の自分と同じ境遇にいる人たちへの優しさ、これは人望につながります。

人は自分の痛みだけを痛みとして感じます。しかし、他人の痛みを自分の痛みとし

て感じられるかどうかが、人望あるなしの分岐点であるようです。

統計的に「凄絶な過去を持つ名社長」とは、他人の痛みがわかる人であり、「凄絶な過去があってもフツーの社長」は他人の骨折より、自分のスリ傷のほうが痛いと主張する人が多いようです。

② 逆境を乗り越えた自信、これは腹をくくった姿勢につながるようです。

そしてもうひとつ、私はこれが一番大事だと思うのですが、立ち直った人物が立ち直る過程で学んだ知恵。自分が陥《おちい》った危機に、二度と陥りたくないと考える最悪の事態への対処シミュレーション。そのシミュレーションが生み出す先見性。これが、この場合の知恵ではないかと思うのです。

時代が社長に求めているのは調整型の舵取りではなく、強いリーダーシップです。その言葉からイメージするのは、威風堂々とした、戦国武将でいえば武田信玄でしょうか。しかし、真のリーダーシップとはけっして社長の見かけで判断してはならないと「一見、力のないような名社長」と接するたびに私は再認識します。

見かけ、行動形態のまったく異なった二人の社長がいます。仮にA社長、B社長とします。どちらも私の尊敬する「一見、力のないような名経営者」です。

A社長は学者肌というのでしょうか、細身の体に静かなムードを漂《ただよ》わせた人で、楽しみはたまに行く近所の健康ランド通いだそうです。

B社長はA社長とは対照的な、恰幅《かっぷく》のよい体躯《たいく》で高級車を乗りまわし、趣味もゴルフ、アウトドアスポーツと幅広い人です。

A社長の場合は、うわべの「一見、力がないような～」社長ですが、B社長は、見かけは貫禄充分ですし、まわりを魅了する会話術も説得力があります。

なのにB社長が「力がないような～」に見える理由とはなんなのでしょうか。それは、ゴルフなどの趣味、自分の主催する「地域のイメージ向上をはかるボランティア団体」活動への力の入れかたから「B社長は、いつ仕事をしているんだ」といった、企業社長としての「能力」を疑われかねない行動にあるようです。

「わはは、仕事が絶対1番、その他は全部2番。3番、4番はない」豪快に笑うB社長の言葉の意味は、ゴルフでもボランティアでも、そのとき取り組んでいることには情熱的に取り組む。その情熱配分は、仕事以外は全部一緒だということ。つまり、まわりの人間はB社長が仕事をしている姿を見るより、ゴルフやボランティアに熱くなっている姿を見かけることが多いわけですから、まわりに「遊んでるだけじゃないか」と思わせたりするのがB社長の「力がないような～」である所以《ゆえん》なのです。

しかし、A社長、B社長ともに名経営者であることは間違いない。

どちらが「大病型」「ドン底型」であるかは人物特定のめど、あるいはA、B両社長の秘密を暴露する可能性もあると考えますので、例によって特徴や背景はボカして書いております。

両社長に共通するのは、前述した『人望』『逆境を切り抜けた自信』『愛嬌（失礼！）』『知恵』です。そして、その4つの人格構成要素を収斂《しゅうれん》させた『人使いのうまさ』があります。

第二章で述べましたとおり、経営とは戦《いくさ》のはずです。敵は一般社員であり、管理職もある意味で、敵とみなさなければ、悪しき慣習に染まった組織を改善できませんし、会社は社長の理想とする方向へ向かいません。

また、人を見抜けぬ、迂闊《うかつ》な経営者であれば、A、B両社長の会社のように大企業一歩手前まで、一代で会社を拡大させることはできなかったはずです。もしかすると、途中で下剋上の憂き目にあって、自分が創業したはずの会社から追放されていたかもしれないのです。

人をうまく使えなければ――。

A社長のように最高幹部会でこの1~2年、開会と閉会の挨拶以外はひとことも発言せぬ姿勢で頂点に君臨できるわけはありませんし、B社長は会議を「居眠りタイムよ」と笑いとばしますが、その実深い考えがあるのだろうと私は思います。

A、B両社長の経営構図には、ご本人が気づいているかどうかはわかりませんが、似通った面が多々あります。私が思いつくだけでも、

① 信頼されている腹心の部下が3名いること。
② 腹心の部下は社長を尊敬している。
③ 彼らの管理手法に口を出さないこと。会社では無口であること。

C期から社長の経営力の違いによって企業発展スピードは著しく変化する

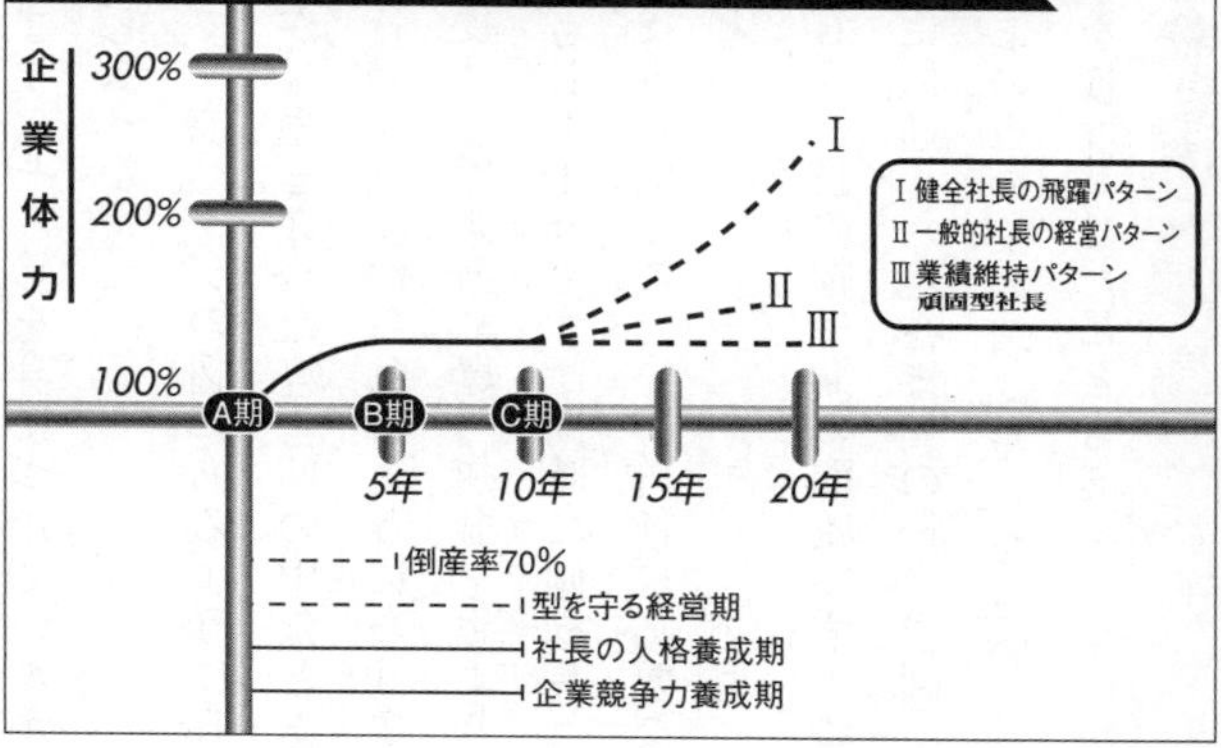

④社長の生き方が経営理念にのっとっているように見えること。

などでしょうが、これは私が見るかぎり、現在の両社長の経営スタイルです。私のいう経営構図には、もうひとつ、A、B両社長が会社をたちあげ、今日の繁栄にむすびつけた過程における似通った構図を見ることができるような気がするのです。

起業5年以内の倒産率が70%以上にのぼる時流の中で、「凄絶な過去を持つ」社長が立ち直るまでの時間で身につけた人望や知恵が、もっとも生かされるのは、『型を守った経営期』、言い換えれば、まわりの協力が必要不可欠な起業初期であるような気がします。それらを身につけていたから、5年の節目を大過なく過ごせたとはいえないでしょうか。

そして、前ページの図にあるようにB期の信用蓄積期＝人格養成期へと入っていくのですが、型を守った経営期の中ほどあたりから、A、B両社長には企業理念にのっとった行動が見受けられるようになります。

A社長は経理業務や専門知識を誰よりも勉強され、B社長は人との絆《きずな》を深めることに尽力されたようです。同時に両社長は、起業から信用蓄積期までの日々を一般社員と同じように働くことで、自社に必要な人間とそうでない人間を見分ける眼力を養われます。

A、B両社長の躍進期の開始です。これがタイプは違っても名経営者であるA、B両社長に似通った現在までの経営構図です。

私はこの章の第四項〔キレなさい〕（170ページ）で、キレたように演じて同業他社の仕事を横取りしたこともある〔なにがなんでも力ずく社長〕にも躍進のチャンスはあると書きました。

その根拠は、彼の若さと自分の型を守る経営姿勢でした。彼の会社は起業8年目、そろそろ躍進期にむかうころですが、力ずく社長には、A、B両社長ほどの体験があるわけではありませんし、彼の武器となる社長の資質は「金銭感覚」しかありません。

だけど今からでも遅くないと私は考えます。A、B両社長が遠い昔、逆境から立ち上る際に身につけたであろう、人望や知恵やまわりの人たちを魅了する愛嬌を、力ずく社長も学べば、「運」、まわりの力添えが得られ、名社長への道も開けるのではないか、私はそう考えているのです。

学ぶこと、努力することは、いつ始めても遅すぎるということはありません。

話がそれたようです。A、B両社長の現在の経営スタイルに話を戻します。といっても、信頼されている部下がどちらにも3名いることや、管理職の運営法にあまり口出ししないこと、生き方が企業理念にのっとっていることなどは、「一見、力のないような名経営者」独自の経営術ではありません。一般的にいわれることです。ですから、ここからは一般論として読んでいただきたいと考えます。けっして私が、A、B

両社長の秘密を暴露するようなつもりで推論を書いているのではないことはご了解ください。

私は若い頃、ひとつの疑問を抱いていました。なぜ、名経営者と呼ばれる人は、3名、5名、と奇数の信頼できる部下を持つ人が多く、2名、4名の偶数ではないのだろう、という疑問でした。ここでいうのは、社長が心から信頼している部下の数であって、有能な部下ではありません。有能な部下なら名社長には無数にいることになってしまいます。

A社長、B社長も偶然かもしれませんが、3名です。

3人。毛利元就《もうりもとなり》の一本の矢は折れても三本の矢は折れない、的ないましめをもって人心を掌握する教えかなにかが、3名の背景にあるのかと単純に考えていたのですが。

はて……と。そういえば3名、三つ巴《どもえ》の社長後継者争いというのは、あまり聞きません。

同時に私は、昔、マスコミでも頻繁に報道された有名企業の後継社長争いの顚末《てんまつ》を思い出しました。あれも後継社長候補は3名ではなく、2名でした。

伝説的企業家だった元経営者にはふたりの後継候補者がいて、ふたりの足の引っ張り合いから御家騒動は始まったと記憶しています。

やがて、企業グループを二分した役員、銀行、株主、はては政治家まで介入して、ドロ沼状態となった両者間の抗争は、後継社長が決定したあとでも、親族間、企業グループ内に長く遺恨を残したと聞きおよんでいます。

この確執は、後継候補が2名だったから起こったのではないかと仮説を立ててみます。

最終的にはひとりが社長になる出世競争では、その候補者が3名だったらどうなるのか、4名なら、ということを後継候補者、そして社長の地位を譲る立場の現社長の気持ちになって考えたいと思います。

候補者の能力、保有する株式、企業内における力関係もほぼ等しいものです。そして仮説検証の舞台にするのが、ここまで紹介してきた「一見、力のないような名経営者」A、B両社長の会社です。わかりやすくするために、B社とします。

候補者がB社の次期社長になるためには、オーナー社長であるB氏からお墨付き、後継社長指名を受けて、役員会で承認を受けるのが正統な手段です。

後継候補者が2名なら、指名を受ける確率は2分の1、3名なら3分の1、4名なら4分の1。ということは、選ばれない人物の数は1人、2人、3人と確率が低くなるにつれ増加します。

実在のB社では、B社長が後継者に指名した人物に反旗をひるがえすような人物は、B社長が「心から信頼している部下」の中にはいません。新社長をサポートして企業発展に邁進《まいしん》する人たちです。

しかしここでは仮説検証のために、3人の性格設定をサラリーマンの目標である「なにがなんでも社長になりたい」として「権力者志向」「策士」を付加、変更させてもらいます。

まずB社長が、他の人物を社長に指名することをあらかじめ予期すれば、B社長の親族や他の役員、株主に根まわしして、自分には社長の資格があると存在をアピールするはずです。

それでも選ばれるのはひとり。脱落者は1名、2名、3名の3パターンです。存在をアピールしたのに脱落した人物の感情、この場合は口惜《くや》しさだと思いますが、同じように社長争いから脱落した人物が増えるにしたがって、その口惜しさは薄れるはずです。

2人のうち、自分が選ばれなかった口惜しさより、同じように脱落した仲間が2人、3人いるほうが気やすめになるというものでしょう。

また、後継者を指名するB社長も、2人からひとりを指名するより、3人からひとり、4人からひとりを選ぶほうが、選択肢が増える分、より後継社長にふさわしい人物を残せるでしょうし、選ばれなかった人間への申し訳なさも薄れるというものです。

仮説の舞台がB社長の会社ではなく、前出の有名企業だとしても、後継候補者、指名する人物の基本心理は似たようなものだと思います。違うのは、舞台が大きくなればなるほど、利権が膨《ふく》らめば膨らむほど、感情は入り乱れ、利害関係者の数は増え、しだいにあさましく、もはや社長の椅子を目指す人間だけの後継社長争いではすまなくなります。戦場は拡大し、ドロ沼状態となります。

幸いB社では、そういう抗争勃発《ぼっぱつ》の心配はありません。かといって、B社の社長に信頼されている腹心の部下に、社長の椅子への希望がないというのはきれいごとすぎるような気がします。

それにここでは皆さん、「なにがなんでも社長になりたい」「権力者志向」「策士」という設定なのです。3人が社長の椅子を目指して鎬《しのぎ》をけずるのですが、とりあえず3人が2人なら、2人はどう動くでしょうか。

多分、双方の思惑と目的にそって話し合いを持つでしょうが、円滑な話し合いを阻止するのが、それまで対等関係にあった者同士に上下関係が発生するかもしれないという相手への牽制心です。

牽制する心は相手への注意力を高め、特に欠点を見抜く眼力が鋭くなるようです。眼力を増した牽制心は、相手の足を引っ張る中傷へと変化し、やがて抗争の火種となります。時とともに、腕力衝突の可能性も発生しますが、部下2名が共倒れするかもしれない事態をB社長が見逃すはずはなく、後継社長レースに介入します。B社長の裁定はわかりません。喧嘩両成敗で、まったく別な人物を社長に据えることもあるでしょう。

そうなれば、２人の目論見《もくろみ》は破綻《はたん》します。

３人ならどうなるか、精一杯想像力を働かせます。

３人のうち２人が談合して、同盟を結び、民主的多数決の原理にのっとって仲間外れにした１人を、後継候補者レースから蹴落とすと考えるのが普通でしょう。共通の敵を認識することは、ある意味で強い団結心を生みます。

４人ならどうなるか。

ここでも当初は民主的に４人は３対１にわかれて、まず１人を消します。２対２にわかれることはまず考えられません。それでは後継社長決定権を持つＢ社長への言い訳、民主的多数決で１人を消したという論理性が通用しなくなるからです。

４人から３人になった後継候補者同士には連帯感が生じるでしょうが、それは３人から１人を排除したときに発生する団結心より、人数が多い分、希薄なものです。そして３人たがって今度は２対１にわかれると考えるのが成り行きというものです。しは……繰り返しです。

後継候補者が2人。同じ権力志向者が同時期、同じ土俵の上に存在するなら、いささか暴論だとは思っているのですが、羽柴秀吉《はしばひでよし》と柴田勝家《しばたかついえ》、武田信玄と上杉謙信の例を引き出すまでもなく、話し合いという平和的手法を経ても、戦という最終手段に突入するのが人間の業《ごう》というものではないでしょうか。

後継候補者が4人の場合です。

ここでも4人は民主的に3対1にわかれて1人を消すのは前述しましたが、この人数から1人の社長を残す絞り込みの過程を、サバイバルゲームに見たてれば、最低3回の抗争エネルギーが必要になります。つまり、社長を目指す人間の数は、団結心——話し合い——禅譲、の可能性もある3人がちょうどいい人数ではないかと私は考えたわけです。

B社長にしても2人から1人を選ぶより、3人から1人を選ぶほうが精神的負担が少ないことは前述しました。

ひるがえって、現在のB社の、「信頼、尊敬する」社長と3名の関係に目を戻します。

「何がなんでも社長」「権力者志向」「策士」の闘争気質は当然とり除きますが、多少の社長への希望は残ります。

現在のB社において、3人が「自分こそ社長にふさわしい」と内心アピールしたいと考えているならば、方法はひとつしかありません。B社の業績向上に今以上の貢献をして、社長に認められるしかありません。

しかし、3人の希望が野心にかわって、私が暴論気味に書き綴《つづ》ったB社の権力抗争情景がいつ現実のものとなるかは、誰にもわからないのです。

もし、B社長がそのような最悪の事態に備えて「信頼できる腹心の部下」の数を3人にしているとしたら。

そして、自分がいちばん御《ぎょ》しやすく、競い合わせやすい人数を3名だと考えていたとすれば――。

一見力があるように見えて、実際に力がある社長は、自分の経営術（この場合は部下操縦法ですが）を隠しません。

それに対して、一見力がないように見える名経営者は、めったに経営術の核になる部分は話さないものです。

それだけに私は、A、B両社長に底知れぬ怖いような奥深さを感じるのです。

第七項　山をのむ気概であたれば、山は動く。継続は力なり

この章の第五項末尾に表記した、

「努力せぬ人間は、企業形態が変わらぬほうが都合がいい」

この言葉を二〜三度つぶやいてから、まわりを見まわしていただきたい。

企業形態、組織体系が変わると困るだろう、と思えるような人はいませんか。地位、役職は関係ありません。そういう人たちが「組織の改善」を妨《さまた》げてきた人たちです。

「改善点が見つかれば、多少の犠牲を払っても、いや、勇気をもってあたってください」

「収益をあげようとするなら改善につぐ改善です。でなければ、必ず硬直化現象が起

こります」

そう口が酸《す》っぱくなるまで、経営者の皆さんに話してきました。なかには、冒頭健全企業側の社長のように、企業努力を従業員とともに重ね、「わが事務所が関与企業のモデル企業になります」と公言した私の事務所より、はるかに効率的運営法で収益を確保している会社もありますが、やはり、改善効果がかんばしくない企業も多いものです。

そのような企業を見るたびに私は、スイスの法学者ヒルティの言葉を思い浮かべます。

『人は怠惰、享楽、浪費、無節操などの習慣を身につけるように、勤勉、節制、倹約、誠実、寛容などの習慣も養える。しかし、どんな人間的美徳も習慣になってしまわぬかぎりは確かに身についたとはいえない』

長い間使用される立場にあった人たち。そういう人たちが慣れ親しんだ職場から無駄を省き、より収益性が高い職場へと向上させるには、トップによほどの実行力と継続力がなければ組織とは変わらないものです。

組織に長い時間をかけてついた悪《あ》しき慣習は、長い時間をかけてよき慣習としなければならない。ヒルティは、そういいたかったのではないかと考えます。

悪しき慣習をよい慣習に変えるために社長に必要な心構えは、社長が理想にむかって腹をくくる姿勢であり、姿勢を末端の社員にまで浸透させる継続の意志です。

これは、社長だけに求める心構えではありません。できれば『努力せぬ人間は企業形態が変わらぬほうが都合がいい』と考えている社員たちが多い職場でも、数人、社長と同じ心構えを持つ人がいれば、とうぜん改善のスピードは早くなります。

目的を設定し、手段を講じて実行、最後が確認。確認の中には、目的と結果がズレても、失敗の理由を分析、把握する作業も含みます。

このプラン・ドゥ・シーを習慣づけるということが、組織改善の有効策であると私は考えています。よい習慣がまわりに伝播《でんぱ》するスピードは、悪しき習慣が広がるスピードにはかないませんが、それでも継続すれば、人の心をひとつにする求心力になります。

ここでは、私の高校時代からの友人が、ある地方でかなりの成果を残した『町おこし』活動を紹介する形で、継続することで派生するパワーについて考えたいと思います。

若いころ、私たちふたりの故郷である筑豊に、後ろ足で砂をかけるようにして飛び出したI氏だったのですが、ゲンゴロウ社長と似たような境遇を経て、今ではさまざまな肩書きを持つ作家として第一線で活躍しています。

私がこの本を書くきっかけになったのは、町おこしに躍起になっていたI氏が、私の事務所でなにげなく目をとめた、私の講演用資料や散歩中に書きとめたメモ書きでした。

それがきっかけとなって、本にする話へとつながったのです。

その発端となった事務所での会話を、私は鮮明に覚えています。夏の暑い日でした。

I氏が事務所のソファーに腰掛けて手にとっていたのは、冒頭で表組みした『問題企業と健全企業の相違点』でした。そしてI氏は、問題企業側社長の経営姿勢、考え方、をときおり眉《まゆ》を寄せながら目を通していたのですが、ボソッとこういったのです。

「林田君、この問題側のえらいさんを健全側に変身させたら、俺のやっている町おこしも半分の時間でできたばい」

できたばい、というのは標準語でいうところの、「できたな」ぐらいの意味で、筑豊では親しい者同士が使う方言です。

「うん、それどげな意味な……」と、私は返事をしました。

I氏は、そのころ静岡県伊豆《いず》の温泉町に住んでいました。作家活動のかたわら、バブル崩壊のあおりを受けて観光不況に悩んでいた温泉町の町おこしを発案し、力を注いでいたのですが、いく度か壁に突きあたり、気力が萎《な》えかけたこともあるらしいのです。

I氏の町おこしとは、ゴルフ好きの方ならご存じでしょうが、静岡県東伊豆町の「ゴルフ日本一宣言」です。知らない方のために内容を説明すると、町民ゴルフ大会で、東伊豆町のアマチュアゴルファーがかなり凄い平均スコアを出した。で、どこもやっていないのだからと勝手に日本一宣言したのです。

文句、異議のある市町村があれば、東伊豆町にきて挑戦しなさい、と。

個人スポーツ、強い者だけにスポットがあたるゴルフを、地域間交流の材料にする画期的な発想で、観光客の増加を狙う一石二鳥のアイデアでした。

そのころ、私はI氏からこんなセリフを聞きました。

「目には見えないが、誰のものでもない金塊がすぐそこにある。しかし、その金塊はひとりでは持ち上げることのできない重さで、持ち上げるには百人の力が必要だ。日本という国、特に地方では、百人は、偉い人の協力がなければ動員できない人数で、百人を動員できる偉い人は、もっと偉い人の指図がなければ動かない」

人や金を動かす権力構図は、当時I氏が住んでいた伊豆だけではなく、日本の地方と呼ばれる地域すべてがそうだろうと思うのですが、おそらく一部の人間と、それに群《むら》がる人間という形になっているのではないか。つまり、何かをしよう、新しいことに挑戦しようとすると、そこには必ず大きな壁が立ちはだかるのである。

当時のI氏の伊豆における立場は、ただのゴルフ好きの作家。しかも、地縁、血縁関係の色濃い地方では、いくら奉仕の精神と、町おこしによる利益をもたらす行動をしようとしても、やはりまわりから見れば流れ者の印象のほうが強かったと思うのです。

私が「壁」の視点でＩ氏を見れば、Ｉ氏は伊豆の人々が長い年月をかけて築いた人々の役割分担、ヒエラルキーを無視して「あそこに金塊があるから一緒に取りに行こうぜ」と煽《あお》っているだけの人物だと見るのはいたしかたないことです。

人体と組織が似ているものだとすれば、Ｉ氏に立ちはだかった壁は、自分たちが、先祖代々住んできた土地を本能的に守ろうとする、住民たちの血かなにかだったのかもしれません。

大向こう受けする正義感や反骨心は大衆を相手にしたもので、一般企業社会ではよほど理解ある上司に恵まれないかぎり、煙たがられる傾向が強いようです。特に、愛嬌なき正義感、反骨心は組織上層部の反感を買います。出世のさまたげです。

話がそれたようです。

「経営コンサルタントの君が町おこしをするとしたら……」

「聞くかぎり、東伊豆のゴルフは立派な観光資源になると思う。私なら、ゴルフ場上層部、ゴルフ利用税で収入増加を見込める町役場、ゴルフ場までのアクセスを担《にな》う鉄道会社、ホテル、その運動で収益が発生する企業団体のトップとまずかけあう。彼らの関心をひくために趣意書、利益目論見書、予算書などを綿密に作成して、決定権ある頂点（ヤマ）を懐柔する」

「私がやりたかったのは、トップダウンの指示系統でしか事が成就《じょうじゅ》しない旧来型の町おこしではない。ボトムアップ、なんの肩書きもない人たちではあっても、情熱さえあれば、きっと大きな風がおこせると思っている」

「それは君が作家という、比較的自由な時間をもてる仕事だからできる発想だと思う。普通の職業なら、夢や情熱にかける時間はとれないはずだ。私ならすべてを経済性ではかる。いったいいくらの利益を東伊豆にもたらすことができるのか、そして自分の取り分は。それが皆のモチベーションとなるはずだ」

「林田がいうように、今、私が企業上層部に接触してトップダウン型に路線変更したら、これまで私を信じて行動をともにした、数人の同志を裏切ることになる」

「ならば、情熱、ボランティアで行けるところまで行くしかないと思うが、大変だと思う」

「私もそれは覚悟している」

そこまで喋《しゃべ》った私とI氏は、顔を見合わせ「やおいかんなぁ～」と苦笑いを浮かべたものでした。「やおいかん」というのは筑豊の言葉で、意味、イントネーションともに「うまくいかねえなぁ～」と同じです。

その時、事務所の、ともに50歳を超えるI氏と私には『気』が充満していました。私は、すべてを経済性ではからねばならないという信念で話し、I氏はロマンで語りました。

人にとって『気』は大事なものだと思うのです。気が入らないと能力を持っている人でも、その能力を充分に生かせません。むしろ、能力を落とす人が多いような気がします。

しかし、気力が充実していれば、今まで気づかなかったことも見えるようになり、次第に行動力もつくものです。

気力を充実させるということは、目的を明確に意識し、集中力をもって事に処《しょ》す。この気概が大事なことだと思います。I氏と私には、その時それがありました。

「頂点（ヤマ）に頼むことは本意ではない。私は私のやり方でやる」

I氏はそういって事務所を去りました。

その後I氏とは3ヵ月ほど会えませんでした。その間にも東伊豆の「ゴルフ日本一」運動は、新聞、雑誌、テレビで取り上げられ、I氏と数名の同志の情熱は着々と結実しているように思いました。数ヵ月ぶりに東京で会ったI氏に私はこう切り出しました。

「頂点（ヤマ）は動いたの？」

「いや、動かない。けど、やれることをやっていれば、そのうち動く」

その後彼は、それまでマスコミで培った人脈を頼り、「東伊豆のゴルフは凄い」「日本一だ」「今度～市の挑戦を受ける」と自分で書いた原稿をスポーツ新聞社やTV局、雑誌に持ち込み続けたのです。

そのころには、全国10を超える市町村から団体での挑戦申し込みが東伊豆に届いていました。この時点での広告効果は、かいつまんで計算しても1億近いものです。

彼が生まれ育ったのは筑豊で、伊豆には8年しか住んでいません。つまり、地縁、血縁を重く見る地方では、I氏の人脈、血脈は伊豆より筑豊のほうが多いということになります。

I氏の、頂点（ヤマ）を動かす「勝算あり」の裏には、静岡の伊豆から1000キロメートル近く離れた、九州福岡の筑豊を動かせば、伊豆の頂点（ヤマ）は必ず動く。そんなヨミと計算があったのかも知れません。それが2000年、去年のことです。

彼の筑豊通いが始まりました。もちろんすべて手弁当ですが、そこまでやるI氏の無償の行動動機の中に、私は、当初の「町おこし」から少しずれた、I氏の「頂点」を動かしてみたいという意地を感じていました。

ロマンで行動するI氏を、経済性ではかることはできません。事が成就しても、見返りは100対0の関係ですし、0に100以上の価値を見出しているからI氏は動いているわけで、経営コンサルタント、税理士の私には指導も、友人としての忠告もできません。私にできるのは、I氏のロマンに賛同し、伊豆に行くことぐらいでしょう。

筑豊で10数人の会合に出る前、彼はネクタイをキッと絞りあげ、精神を集中するように、話すべき事柄を書きつけたメモに視線をおとしていました。そんなI氏の姿を見ながら、私はデジャブというか、どこかで見たことのある光景、そんな錯覚にとらわれていました。I氏は雄弁でした。

「伊豆が観光不況に陥っている。今、一人ひとりが精一杯やることをやらねば、伊豆は、石炭を失った筑豊のように経済基盤を失います。ぜひ一度伊豆に来てください。きっとその模様はマスコミで取り上げられ、筑豊の知名度アップにもつながります」

熱く語り、10数人の心をしっかりつかんでいるように見えました。

『イメージ・イズ・エブリシング』

一期一会《いちごいちえ》の気概で商談に向かう、有能なアメリカビジネスマンを思いおこさせるI氏でした。信念に裏打ちされた彼の理想は、拳《こぶし》に力をこめ、ときにテーブルを叩き、人々の関心を引きつけるパフォーマンスにつながっていました。

私が彼の友人ではなく、彼を擁《よう》する企業の社長だったら「部下の気力は収益に直結する」そう確信していたはずです。

それから約半年後、２０００年11月、I氏の情熱は実って、筑豊から約60名が東伊豆へ『ゴルフ日本一争奪戦』にむかいました。

２泊１プレイ、一人あたりの平均全費用は、13万円。しかも当日は大雨だったと聞きおよんでいますが、ともに参加した、千葉県野田《のだ》市、埼玉県新座《にいざ》市、そして、静岡県東伊豆町の人々との間に交流が芽生え、「次の大会にも必ず参加する」全員がそう表明したことから推察すれば、イベントは大成功に終わったようです。

さて、I氏の情熱の矛《ほこ》先は「頂点（ヤマ）を動かす」ことにあったはずです。はたして……。

「九州と新座市と野田市から60名ずつ泊まりがけで来て、なかには市長や有名政治家もいる。林田君、頂点（ヤマ）が動かないわけがないだろう……」

I氏は、子供のように無邪気に笑って、そういったのでした。彼がこの運動を提唱して、５年目の秋でした。

私の一番好きな言葉は『継続は力なり』です。多分、これからの講演会でも、やはり私は、この言葉で講演会をしめるでしょう。

一〇〇字書評

切り取り線

黒字をつくる社長　赤字をつくる社長

購買動機（新聞、雑誌名を記入するか、あるいは○をつけてください）

- □（　　　　　　　　　　）の広告を見て
- □（　　　　　　　　　　）の書評を見て
- □ 知人のすすめで
- □ タイトルに惹かれて
- □ カバーがよかったから
- □ 内容が面白そうだから
- □ 好きな作家だから
- □ 好きな分野の本だから

●最近、最も感銘を受けた作品名をお書きください

●あなたのお好きな作家名をお書きください

●その他、ご要望がありましたらお書きください

住所	〒				
氏名		職業		年齢	
新刊情報等のパソコンメール配信を 希望する・しない		Eメール	※携帯には配信できません		

あなたにお願い

この本の感想を、編集部までお寄せいただけたらありがたく存じます。今後の企画の参考にさせていただきます。Eメールでも結構です。

いただいた「一〇〇字書評」は、新聞・雑誌等に紹介させていただくことがあります。その場合はお礼として特製図書カードを差し上げます。

前ページの原稿用紙に書評をお書きの上、切り取り、左記までお送り下さい。宛先の住所は不要です。

なお、ご記入いただいたお名前、ご住所等は、書評紹介の事前了解、謝礼のお届けのためだけに利用し、そのほかの目的のために利用することはありません。

〒一〇一-八七〇一
祥伝社黄金文庫編集長　吉田浩行
☎〇三（三二六五）二〇八四
ohgon@shodensha.co.jp

祥伝社ホームページの「ブックレビュー」からも、書けるようになりました。
http://www.shodensha.co.jp/bookreview/

祥伝社黄金文庫

黒字《くろじ》をつくる社長《しやちよう》　赤字《あかじ》をつくる社長《しやちよう》
うちの会社《かいしや》は大丈夫《だいじようぶ》か

平成13年 4 月20日　初版第1刷発行
平成25年 7 月20日　　　第7刷発行

著　者　林田俊一《はやしだしゆんいち》
発行者　竹内和芳
発行所　祥伝社《しようでんしや》

〒101－8701
東京都千代田区神田神保町3－3
電話　03（3265）2084（編集部）
電話　03（3265）2081（販売部）
電話　03（3265）3622（業務部）
http://www.shodensha.co.jp/

印刷所　錦明印刷
製本所　ナショナル製本

　ISBN4-396-31255-5 C0195

祥伝社黄金文庫

臼井由妃《うすいゆき》
幸せになる自分の磨き方
もったいない。もっとハッピーになれるのに。仕事。恋愛。お金。知性。みんな選んでいいんです。

漆田公一&デューク東郷研究所
ゴルゴ13の仕事術
商談、経費、接待、時間、資格――危機感と志を持つビジネスマンなら、ゴルゴの「最強の仕事術」に学べ！

江宮隆之
「晩学」のススメ
葛飾北斎、伊能忠敬、滝沢馬琴…人生の後半を豊かに生きた先人15人。その「実践」と「知恵」を学ぶ一冊。

遠藤周作
生きる勇気が湧いてくる本
人生に無駄なものは何ひとつない。人間の弱さ、哀しさ、温かさ、ユーモアを見続けた珠玉のエッセイ。

遠藤周作
信じる勇気が湧いてくる本
苦しい時、辛い時、恋に破れた時、生きるのに疲れた時…人気作家が贈る人生の言葉。

遠藤周作
愛する勇気が湧いてくる本
恋人・親子・兄弟・夫婦…あなたの思いはきっと届く！　人気作家が遺した珠玉の言葉。

祥伝社黄金文庫

日下公人《きみんど》　「道徳」という土なくして「経済」の花は咲かず

日本の底力は、道徳力によって作り上げた「相互信頼社会」の土台にある。この土壌があれば、経済発展はたやすい。

日下公人　食卓からの経済学

コーヒー、カレー、チーズ……「おいしい食事」には、智恵と戦略が詰まっている。

小石雄一　「人脈づくり」の達人

〈人脈地図の作り方〉〈電子メール時代のお返事作法〉〈「分からない」と言える人に情報は流れる〉等。

児玉光雄　イチローの逆境力

イチローほど逆境を味方につけて飛躍を遂げたアスリートはいない。そんな彼の思考・行動パターンに学ぶ!

小林智子　主婦もかせげる パソコンで月収30万

人生、変わります! アフィリエイトの達人たちも太鼓判! パソコンでお金をかせぐコツとワザ、お教えします。

小林智子　主婦もかせげる アフィリエイトで月収50万

あなたのパソコンにも奇跡は起きます。アフィリエイトで成功するコツお教えします。